VÉGÉTARIEN
ET GOURMAND !

Remerciements

Jean-Louis Broust, Gaétan Burrus, Servane Champion, Marie-Sophie Ferquel, Corinne Fleury, Armelle Goraguer, Marie Jacquemin, Laura Lugand, Laure Maj, Karine Marigliano, Anaïs Roué, Marjorie Seger, Véronique Sem, Nathalie Tran, Marie-France Wolfsperger et Quat'Coul pour la photogravure.

Merci également à tous les membres de l'équipe Marmiton et à l'ensemble des Marmitonautes qui, pour notre plus grand bonheur, apportent chaque jour leur pierre à l'édifice de transmission que constitue Marmiton.

Directrice de collection : **Clémence Meunier**
Mise au point de la maquette : **Caroline Moutier**
Éditrice : **Audrey Génin**
Correctrice : **Maud Foutieau**

© Éditions Play Bac, 2015
14 bis rue des Minimes, 75003 Paris. www.playbac.fr

ISBN : 978-2-8096-5280-2
Dépôt légal : septembre 2015

 Imprimé en Bosnie-Herzégovine par GPS sur des papiers issus de forêts gérées de manière responsable.

VÉGÉTARIEN ET GOURMAND !

playBac

SOMMAIRE

INTRODUCTION

Il était une fois un jeune homme qui ne mangeait pas un gramme de viande ni de poisson. Pourtant, alors qu'il passait ses soirées à inviter des amis à dîner, personne n'avait jamais soupçonné qu'il puisse être végétarien. Pourquoi ? Parce que ce qu'il cuisinait était si bon que l'absence de viande ou de poisson dans ses plats passait inaperçue. Contrairement aux idées reçues, manger végétarien, c'est vraiment tout sauf triste et fade, ce livre va vous le prouver. C'est gourmand, souvent original et surtout hyper BON. Vous allez voir, cet ouvrage va vite devenir incontournable dans votre vie, pour cuisiner au quotidien légumes, fruits, légumineuses, céréales et fromages, et ce, toujours avec bonne humeur, nous en faisons le pari. Si vous êtes vous-même végétarien, nous espérons sincèrement que ce livre sera pour vous une inépuisable source d'inspiration pour passer derrière les fourneaux !

Bonne dégustation,
L'équipe Marmiton

LES CLASSIQUES
VERSION VÉGÉTARIENNE

Lasagnes, Parmentier, moussaka, cassoulet, pot-au-feu…
pourquoi s'en priver lorsque l'on peut les réaliser en version
végétarienne ? Les pâtes par exemple peuvent s'imaginer
de 1001 façons différentes, toutes aussi savoureuses les
unes que les autres : à la menthe, aux épinards et au
chèvre, au tofu et bien plus encore… Il y a de quoi en
régaler, des papilles, et les vôtres ne feront pas exception !

recette proposée par
Valerie_423

MOUSSAKA AUX LÉGUMES

Pour 8 personnes
Préparation 30 min
Cuisson 1 h 50
Repos 1 h
Facile ◗
Coût ©©©

❝

Top des avis :
"J'ai précuit les tranches
d'aubergine sous le gril du four
(sans sel ni huile)." Tainemon

"Le résultat est délicieux, coloré et
appétissant. **On peut en congeler
une partie sans hésiter, la saveur
demeure intacte.**" Clara017

"**Nous avons remplacé la feta
par un fromage à pâte cuite et
les yaourts grecs par des yaourts
nature**, ça marche aussi !"
Sophie_4060

❞

Astuce : Si la mozzarella commence
à brunir, couvrez le plat d'une feuille
de papier d'aluminium et poursuivez
la cuisson.

❶ Épluchez et **coupez les aubergines** dans le sens
de la longueur, en tranches épaisses. **Faites-les
dégorger** avec du sel, dans une passoire, pendant 1 h.

❷ Épluchez et **coupez les courgettes en tranches**.

❸ Lavez et **ôtez le pédoncule et les graines
des poivrons** puis coupez-les en lanières.

❹ Dans une poêle, **faites revenir les poivrons puis
les courgettes séparément** dans 1 c. à soupe d'huile
d'olive jusqu'à ce qu'ils soient fondants.

❺ Pendant ce temps, épluchez et **coupez les oignons
en rondelles**, épluchez, dégermez et **écrasez l'ail**.

❻ Faites revenir les oignons et l'ail dans une poêle
avec une petite cuillerée à soupe d'huile. Ajoutez
les tomates concassées, ainsi que leur jus,
des herbes de Provence, du sel et du poivre. Laissez
mijoter pendant 30 min.

❼ **Rincez les tranches d'aubergines** et essuyez-les.

❽ Préchauffez le four à 180 °C (th. 6).

❾ Beurrez un grand plat allant au four. **Déposez
une couche d'aubergines, une couche de courgettes,
une couche de poivrons, une couche de tomates, avec
le jus. Recouvrez avec le yaourt et la feta** émiettée.

❿ **Recommencez** : aubergines, courgettes, poivrons,
tomates, yaourt et feta. **Terminez avec une couche
d'aubergines. Recouvrez de mozzarella**
préalablement coupée en dés.

⓫ Enfournez et **laissez cuire pendant 1 h 15.**

Aubergines
(2 grosses)
Courgettes (3)
Poivrons rouges (3)
Yaourt à la grecque (500 g)
Feta (800 g)
Mozzarella (½ boule)
Tomates concassées
(2 grosses boîtes)

- Oignons (4) • Ail (3 gousses)
- Huile d'olive (2 c. à soupe)
- Herbes de Provence
- Beurre (pour le plat)
- Sel, poivre

Cannellonis à garnir (18)
Courgettes (4)
Fenouil (1 bulbe)
Poivrons (2)
Tomates pelées entières (2 grosses boîtes)
Menthe (1 bouquet)
Basilic (4 ou 5 brins)
Mozzarella (200 g)
• Oignon (1) • Huile d'olive (2 c. à soupe)
• Sel, poivre

CANNELLONIS À LA MENTHE

Pour 6 personnes
Préparation 40 min
Cuisson 1 h
Facile
Coût ©©©

Top des avis :

"Bonne recette. **Veillez à ce que la sauce tomate recouvre bien les cannellonis, sans quoi le dessus sera sec.**" Mopdesbois

"J'adore ! Par contre, pour plus de facilité, **j'utilise des lasagnes plutôt que des cannellonis.**" Lagrnouye

"**J'ai mis toute la mozzarella dans la farce, et j'ai utilisé du fromage râpé pour gratiner,** c'était très bon." Prawn

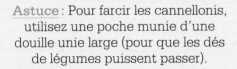

Astuce : Pour farcir les cannellonis, utilisez une poche munie d'une douille unie large (pour que les dés de légumes puissent passer).

❶ Préchauffez le four à 180 °C (th. 6).

❷ Lavez et **hachez le bouquet de menthe.**

❸ **Coupez la mozzarella en petits dés.**

❹ **Lavez les courgettes, les poivrons et le fenouil.** Retirez la queue et les pépins des poivrons. **Coupez-les en tout petits dés** (sans éplucher les courgettes).

❺ Dans une poêle, **faites revenir les dés de légumes avec 1 c. à soupe d'huile d'olive.** Laissez tiédir.

❻ **Ajoutez la moitié de la mozzarella et la menthe.**

❼ **Fourrez les cannellonis** avec cette préparation et disposez-les dans un plat à gratin.

❽ **Mixez les tomates pelées.**

❾ Dans une sauteuse, **faites revenir l'oignon** préalablement **pelé et émincé** avec 1 c. à soupe d'huile d'olive. **Ajoutez les tomates, le basilic** préalablement lavé et haché, **du sel et du poivre. Laissez réduire** la sauce sur feu moyen **5 à 10 min.**

❿ **Versez la sauce tomate sur les cannellonis. Couvrez du reste de mozzarella et enfournez pour 45 min.**

NEMS

Pour 9 nems
Préparation 1 h
Cuisson 25 min
Facile ◐
Coût ◒◒◒

« Top des avis :
"Une petite recommandation : **bien éponger les feuilles de riz trempées pour éviter l'eau qui perturbe la friture.**" Maridoline

"**J'ai fait revenir les nems à la poêle et non à la friteuse, ils sont moins gras**, plus moelleux et très bons." Mariondesuresnes »

Astuce : Serrez bien la feuille de riz autour de la farce afin qu'elle ne se défasse pas à la cuisson.

Remarque : Vous trouverez des protéines de soja dans les magasins bios et les épiceries asiatiques.

Utiliser des feuilles de riz

❶ Dans un grand bol, **mélangez les protéines de soja, 1 c. à soupe de sauce soja, du poivre, le coulis de tomate, 1 gousse d'ail** préalablement pelée et **hachée finement, 1 c. à soupe d'huile de tournesol et un peu d'eau** pour recouvrir le tout. **Passez le bol au four à micro-ondes** 1 min à 1 min 30 : le soja doit être mou et le liquide absorbé.

❷ **Faites tremper les vermicelles de soja** en suivant les indications sur le paquet.

❸ **Épluchez les carottes, l'oignon et les 2 gousses d'ail restantes. Mixez l'ensemble.** Mettez-les dans un saladier, **versez 2 c. à café de sauce soja, 1 c. à café de vinaigre de riz, 1 c. à café d'huile de tournesol puis la préparation au soja.**

❹ **Faites revenir ce mélange dans une poêle** sans matières grasses. **Ajoutez les vermicelles** préalablement coupés en tronçons.

❺ Dans un grand moule rond rempli d'eau très chaude, **trempez délicatement une feuille de riz, disposez-la sur un torchon, mettez 1 c. à soupe de garniture au centre, fermez de part et d'autre puis roulez le nem.** Recommencez jusqu'à épuisement des ingrédients.

❻ **Faites frire les nems** dans une friteuse pendant 10 à 15 min dans de l'huile chaude : ils doivent être bien dorés.

❼ **Préparez la sauce :** dans un petit bol, **mélangez 3 c. à soupe de sauce soja et 3 c. à soupe de vinaigre de riz, ajoutez 1 c. à soupe d'huile de sésame et des cacahuètes** préalablement **hachées.** Servez avec des feuilles de menthe et de salade.

Feuilles de pâte de riz rondes (9)
Carottes (3)
Vermicelles de soja
(1 petit paquet)
Protéines de soja déshydratées (1 poignée)
Coulis de tomate (2 c. à soupe)
Vinaigre de riz
(3 c. à soupe + 1 c. à café)
Huile de sésame
(1 c. à soupe)

Cacahuètes non salées (20 g)
Feuilles de menthe et salade verte
(pour servir)
• Ail (3 gousses) • Oignon (1)
• Huile de tournesol (1 c. à soupe
+ 1 c. à café) • Sauce soja
(4 c. à soupe + 2 c. à café)
• Poivre

Tofu ferme (250 g)
Lasagnes
(9 feuilles précuites)
Courgettes (150 g)
Tomates (300 g)
Petits pois écossés (50 g)
Parmesan râpé (50 g)
• Oignons (2) • Ail (1 gousse)
• Huile d'olive (2 c. à soupe + un peu pour le plat)
• Herbes de Provence
• Muscade en poudre (3 pincées)
• Sauce soja (1 c. à soupe)
• Poivre

<u>Pour
la béchamel</u> :
• Farine (50 g)
• Beurre (50 g)
• Lait (60 cl)
• Noix de muscade
râpée
• Sel, poivre

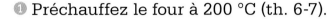

LASAGNES AU TOFU

Pour 4 personnes
Préparation 1 h
Cuisson 1 h
Facile ●
Coût ●○○

Top des avis :
"**Délicieux ! J'ai mis moins de tofu et rajouté quelques tranches de mozzarella. J'ai également** ajouté quelques dés de poivron rouge." Marijo_18

"**Allergique au lactose, j'ai remplacé le lait par du lait de soja.** Plat facile à réaliser et très goûteux." Ange_1931

"**J'ai mis directement le parmesan dans ma béchamel.**" LaJu

Astuce : Pour gagner du temps, vous pouvez remplacer les tomates fraîches par une grosse boîte de tomates pelées.

La recette filmée

① Préchauffez le four à 200 °C (th. 6-7).

② **Épluchez les oignons. Coupez-les en lamelles. Lavez les courgettes et coupez-les en lamelles.** Pelez et **hachez l'ail. Émiettez le tofu.**

③ **Lavez les tomates.** Avec un couteau, **faites une croix sur le dessus de chaque tomate. Plongez-les dans une casserole d'eau bouillante** pendant 30 s, sortez-les puis **retirez leur peau. Coupez-les en morceaux.**

④ **Faites chauffer l'huile d'olive dans une poêle. Faites-y revenir les lamelles d'oignons et de courgettes. Ajoutez les tomates, les petits pois, le tofu et l'ail.** Mélangez quelques instants. **Ajoutez des herbes de Provence, la muscade, la sauce soja et du poivre. Laissez mijoter 20 min.**

⑤ Préparez la béchamel : **faites fondre le beurre** dans une casserole. **Ajoutez la farine, et remuez avec une cuillère de bois sans laisser colorer. Versez le lait progressivement,** sans cesser de remuer, **jusqu'à ce que la sauce épaississe.** Assaisonnez de sel et de noix de muscade râpée.

⑥ **Dans un plat à four rectangulaire** préalablement huilé, disposez un fond de béchamel puis **3 feuilles de lasagne posées côte à côte. Recouvrez avec la moitié du mélange tofu + légumes puis d'une couche de béchamel. Recommencez** une deuxième fois **puis terminez par une couche de feuilles de lasagne. Recouvrez de béchamel et saupoudrez de parmesan râpé.**

⑦ Enfournez et **laissez cuire 30 min.**

HACHIS PARMENTIER AUX PETITS LÉGUMES

Pour 4 personnes
Préparation 35 min
Cuisson 55 min
Facile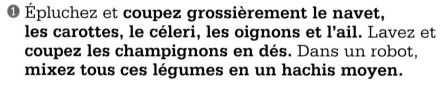
Coût

Top des avis :
"Un régal ! **J'ai remplacé le poireau par du topinambour et ajouté des épices (curry et gingembre).**" Mimimarmite

"Je trouve que **c'est encore meilleur avec des pignons de pin dans le hachis.**" Bugggie

"Pour gagner du temps, **j'ai remplacé les champignons frais par des champignons en boîte.**" MarieLuce

Astuce : Pour une recette encore plus savoureuse, ajouter 2 c. à café de parmesan au hachis de légumes.

❶ Épluchez et **coupez grossièrement le navet, les carottes, le céleri, les oignons et l'ail.** Lavez et **coupez les champignons en dés.** Dans un robot, **mixez tous ces légumes en un hachis moyen.**

❷ Préchauffez le four à 220 °C (th. 7-8).

❸ **Pelez les pommes de terre, coupez-les en morceaux et faites-les cuire 20 min** dans une casserole d'eau.

❹ **Faites cuire le blanc de poireau** préalablement lavé et **émincé** dans un panier **au-dessus des pommes de terre** pour qu'il cuise à la vapeur.

❺ Pendant ce temps, **dans un faitout, chauffez à feu vif l'huile d'olive et faites revenir le hachis de légumes 15 min** en remuant souvent. Poivrez.

❻ **Mixez ensemble la tranche de pain de mie et le persil** préalablement **rincé.**

❼ **Éteignez le feu sous le hachis de légumes** lorsqu'ils sont cuits mais encore un peu fermes, puis **ajoutez la sauce soja et le mélange persil-pain.**

❽ **Une fois les pommes de terre cuites,** égouttez-les et **écrasez-les en purée en ajoutant le blanc de poireau.**

❾ **Beurrez un plat à gratin, étalez le hachis de légumes puis recouvrez-le de la purée de pommes de terre au poireau.**

❿ **Enfournez** et laissez cuire **35 min.**

Poireau (1)
Navet (1 gros)
Carottes (3)
Céleri (2 branches)
Champignons de Paris frais
(4)
Pain de mie (1 tranche)
Persil (1 poignée)
• Pommes de terre (4 grosses)
• Oignons (2) • Ail (1 gousse)
• Sauce soja (1 c. à café)
• Huile d'olive (2 c. à soupe)
• Beurre • Poivre

Carottes (4)
Navets (3)
Poireaux (3)
Branche de céleri (1)
Gruyère (250 g)
• Pommes de terre (5)
• Oignon (1)
• Clous de girofle (2)
• Bouquet garni (1)
• Sel, poivre

POT-AU-FEU AU GRUYÈRE

Pour 4 personnes
Préparation 20 min
Cuisson 1 h
Facile ◖
Coût €€€

❶ Épluchez l'oignon et piquez-le des deux clous de girofle.

❷ Épluchez et **coupez en gros morceaux les carottes et les navets. Lavez les poireaux et le céleri et coupez-les en gros morceaux.**

❸ **Mettez les légumes dans une grande casserole** ou dans une marmite. **Couvrez d'eau froide.** Salez, poivrez, ajoutez le bouquet garni, **portez à ébullition puis laissez cuire 25 min.**

❹ **Coupez le gruyère en gros morceaux** et **ajoutez-le aux légumes. Poursuivez la cuisson 15 min.**

❺ **Épluchez les pommes de terre et ajoutez-les** dans la casserole. **Laissez cuire jusqu'à ce qu'elles soient tendres.**

❻ **Servez bien chaud**, dans des assiettes creuses, avec plus ou moins de bouillon selon les goûts.

❝

Top des avis :
"J'ai ajouté un cube de bouillon de volaille et **j'ai cuit tous les légumes y compris les pommes de terre dans un autocuiseur 20 min.** J'ai servi les dés de gruyère dans un bol à part." Annie_582

"**J'ai utilisé du cheddar, il a bien tenu à la cuisson.** Le pot-au-feu était encore meilleur le lendemain." Bkissline

"**J'ai tout mixé, cela fait un excellent potage !**" Muriel_549 ❞

Astuce : Remplacez les morceaux de gruyère par du râpé, ajoutez-le alors à la fin de la cuisson.

HAMBURGER AU TOFU

Pour 4 personnes
Préparation 15 min
Cuisson 5 min
Facile ●
Coût ●☺☺

<u>Top des avis :</u>
"**J'ai mis du curry à la place du paprika.** La prochaine fois, j'essaierai en ajoutant une échalote." Kmilavista

"Délicieux ! **J'ai mis 9 c. à soupe de cacahuètes (grillées non salées) à la place des amandes et des noisettes.**" maya_8

"Personnellement, **j'ai rajouté un œuf, de l'oignon haché, des petits dés de tomate et quelques feuilles de blette hachées revenues à la poêle,** c'est plus moelleux et goûteux." Anonyme

<u>Astuce</u> : Faites chauffer les pains à hamburger quelques instants dans la poêle ou au four afin de les rendre croustillants.

❶ **Coupez le tofu en morceaux. Mixez-le avec la sauce soja.**

❷ **Hachez grossièrement les amandes** dans un robot ou dans un mortier.

❸ Dans un saladier, **mélangez les amandes, les graines de sésame, la poudre de noisettes, l'œuf, la farine et le mélange tofu-soja. Ajoutez le paprika et poivrez.**

❹ **Faites chauffer l'huile dans une poêle.**

❺ **Prélevez des portions de hachis à l'aide d'une cuillère à glace, déposez-les dans la poêle, puis aplatissez-les** pour former des galettes un peu épaisses. **Saisissez-les** quelques instants de chaque côté.

❻ Lavez et **coupez la tomate en rondelles.**

❼ **Lavez les feuilles de salade.**

❽ **Coupez les pains à hamburger en deux** dans l'épaisseur, **étalez un peu de sauce blanche sur chaque face, puis déposez une feuille de salade, une rondelle de tomate, un steak de tofu et une autre feuille de salade.**

❾ **Fermez les hamburgers** et dégustez.

**Pains
à hamburger** (4)
Tofu ferme (400 g)
Tomate (1)
Amandes entières
(6 c. à soupe)
Graines de sésame
(6 c. à soupe)
Poudre de noisettes
(3 c. à soupe)

Salade verte
(4 à 8 feuilles)
**Sauce blanche
aux herbes toute
prête**
• Œuf (1) • Farine (8 c. à soupe)
• Huile de tournesol (2 c. à soupe)
• Sauce soja (6 c. à soupe)
• Paprika (2 pincées)
• Poivre

Haricots blancs secs (375 g)
Champignons de Paris, cèpes ou morilles (375 g)
Poireaux (2) / **Carottes** (5)
Navets (2)
Olives noires dénoyautées (40 g)
• Oignons (3) • Pommes de terre (6)
• Ail (2 gousses) • Bouquet garni (1)
• Clous de girofle (2)
• Huile d'olive
• Sel, poivre

CASSOULET AUX LÉGUMES VARIÉS

Pour 8 personnes
Préparation 35 min
Cuisson 2 h 30
Repos 12 h
Facile ◖
Coût €€€

❶ **La veille,** dans un petit saladier, **mettez les haricots à tremper** dans une grande quantité d'eau.

❷ **Le lendemain, plongez-les** quelques minutes dans une casserole d'eau bouillante puis égouttez-les.

❸ Lavez, épluchez et **découpez en morceaux les oignons, les carottes, les pommes de terre et les navets.** Rincez et coupez en morceaux **les poireaux et les champignons.**

❹ **Faites-les revenir les uns après les autres** dans une cocotte avec un peu d'huile.

❺ **Disposez tous les légumes – sauf les pommes de terre – dans la cocotte. Ajoutez le bouquet garni, les clous de girofle, l'ail** préalablement pelé et **haché, les haricots secs et les olives. Recouvrez d'eau. Couvrez et laissez cuire** à feu doux, en rajoutant de l'eau si nécessaire.

❻ **Laissez mijoter 45 min puis ajoutez les pommes de terre. Poursuivez la cuisson 1 h 15.** Salez, poivrez et servez.

Top des avis:
"J'ai juste ajouté des saucisses végétariennes (évidemment !). Recette conseillée pour les jours d'hiver quand il fait froid."
Caroline_3836

"J'ai mis une feuille de laurier dans l'eau de cuisson des haricots secs."
Alice_296

"Ce plat est encore meilleur réchauffé ! On a adoré." Gilhema

Astuce : La veille, changez 2 à 3 fois l'eau de trempage des haricots secs.

recette proposée par
Maridoline

CHOUX FARCIS

Pour 4 personnes
Préparation 40 min
Cuisson 1 h 20
Moyennement facile ◖
Coût ◉☺☺

Top des avis :
"J'ai accompagné ce plat
de quinoa, c'était parfait."
Huguettelachouette

"Je n'ai pas mis d'aneth mais
j'ai utilisé des épices à couscous.
La farce était délicieuse." kiki_55

"Pour remplacer le fromage,
j'ai mis de la crème de riz."
Colette87

Astuce : Pour une version grand
format, commencez par déposer
une feuille de chou dans le fond du plat
puis disposez les autres en quinconce,
le long de la paroi du moule.

❶ Préchauffez le four à 200 °C (th. 6-7). **Beurrez 4 moules** allant au four.

❷ **Plongez les feuilles de chou entières dans une casserole d'eau bouillante salée** 5 min. **Égouttez-les** et passez-les sous l'eau froide. Égouttez à nouveau.

❸ Épluchez et **coupez l'aubergine en dés. Faites-les légèrement frire** dans une poêle **avec 2 c. à soupe d'huile d'olive.**

❹ **Retirez la nervure dure du centre des feuilles** de chou avec la pointe d'un couteau et **tapissez le fond de chaque moule d'une feuille** en la laissant bien déborder pour pouvoir ensuite recouvrir la préparation.

❺ Épluchez et **hachez l'oignon et l'ail.** Lavez et **émincez les champignons et le reste du chou.**

❻ Dans une cocotte, **faites chauffer 2 c. à soupe d'huile d'olive** à feu moyen et **faites-y cuire l'oignon, l'ail et les champignons** pendant 10 min. **Versez cette préparation dans un saladier, ajoutez le chou émincé, l'aubergine, les pignons et la chapelure.** Salez, poivrez et mélangez. Laissez refroidir puis **ajoutez 1 œuf** préalablement **battu.**

❼ Dans un mixeur, **mixez la ricotta avec l'œuf restant et le mélange d'épices.**

❽ **Répartissez la moitié de la préparation au chou dans chaque moule. Recouvrez du mélange au fromage puis versez le reste de la préparation au chou. Rabattez les feuilles** de chou sur le dessus.

❾ Recouvrez chaque moule d'aluminium, **enfournez 1 h.**

Chou vert
(125 g + 4 grandes feuilles)
Champignons de Paris
(125 g)
Aubergine (1)
Ricotta (125 g)
Pignons de pin (30 g)
• Oignon (1) • Ail (2 gousses) • Chapelure (60 g)
• Œufs (2) • Huile d'olive (4 c. à soupe)
• Mélange d'aneth,
de gingembre et de coriandre
moulus (2 c. à café)
• Sel, poivre • Beurre

Carottes (4)
Citrouille (1 tranche)
Champignons de Paris
(200 g)
Olives noires
non dénoyautées (200 g)
Maïs en conserve (100 g)
Thym (2 branches)
Persil (5 brins)

• Pommes de terre (2 grosses)
• Oignons (2 gros) • Ail (4 gousses)
• Bouillon aux herbes (1,5 cube)
• Crème liquide (50 cl)
• Huile d'olive (2 c. à soupe)
• Sel, poivre

recette proposée par
marion_1567

RAGOÛT AUX LÉGUMES

Pour 4 personnes
Préparation 20 min
Cuisson 50 min
Facile ◐
Coût €€€

Top des avis :
"Délicieuse recette, fondante
à souhait ! **En fin de cuisson,
pensez à ajouter un peu de levure
de bière maltée.**" Christoo

"**J'ai remplacé le maïs par
des cubes de navet.**" Lamilayouhou

"**J'ai ajouté un peu de chou,
cela fait un bon ragoût d'hiver !**"
Myriemdoleron

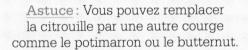

Astuce : Vous pouvez remplacer
la citrouille par une autre courge
comme le potimarron ou le butternut.

❶ **Épluchez les carottes et coupez-les en rondelles.**

❷ **Épluchez les pommes de terre et la citrouille.
Coupez-les en gros cubes.**

❸ Épluchez et **émincez les oignons. Faites-les revenir
avec l'huile d'olive** dans un faitout.

❹ Une fois les oignons dorés, **ajoutez les carottes,
les pommes de terre et la citrouille. Ajoutez 15
cl d'eau puis l'ail** préalablement pelé et **coupé en
petits morceaux. Émiettez les cubes de bouillon
sur le dessus.**

❺ **Lavez les champignons et coupez-les en quatre.
Égouttez le maïs. Lavez et hachez le persil et
le thym. Ajoutez le tout dans le faitout.**

❻ **Faites cuire à feu moyen** pendant **40 min** environ.

❼ **Une fois les pommes de terre et les carottes cuites,
ajoutez la crème et les olives noires. Salez, poivrez.**
Mélangez et servez bien chaud.

recette proposée par
Christophe_de_Marmiton

LASAGNES CHÈVRE ET ÉPINARDS

Pour 6 personnes
Préparation 20 min
Cuisson 45 min
Très facile ●
Coût €€€

Top des avis :
"J'ai mélangé directement
les épinards, le chèvre et
la béchamel. J'ai alterné cette
sauce avec les feuilles de lasagne,
c'est plus rapide !" shemar25

"J'ai utilisé des feuilles
de lasagne fraîches extra-fines
achetées en supermarché qui
permettent d'obtenir un moelleux
incomparable."
hermione60

Astuce : Lorsque c'est la saison,
utilisez des épinards frais. Il suffit alors
de les faire «tomber» à la poêle dans
un peu d'huile (voir la vidéo à flasher).

Tomber
des épinards frais

❶ Préchauffez le four à 200 °C (th. 6-7).

❷ Préparez la béchamel : **faites fondre le beurre** dans une casserole. **Ajoutez la farine**, et remuez avec une cuillère de bois sans laisser colorer. **Versez le lait progressivement**, sans cesser de remuer, **jusqu'à ce que la sauce épaississe**. Assaisonnez de sel, de poivre et de muscade râpée.

❸ **Décongelez les épinards, à feu doux**, dans une casserole, puis enlevez l'eau résiduelle (n'hésitez pas à les presser pour faire sortir le maximum d'eau). **Hachez-les grossièrement** au couteau ou avec une paire de ciseaux.

❹ **Émiettez la bûche de chèvre.**

❺ **Dans un grand plat allant au four** préalablement **beurré, posez une couche de feuilles de lasagne, puis une couche d'épinards, une couche de miettes de chèvre et un peu de béchamel puis à nouveau une couche de feuilles de lasagne.**

❻ **Réalisez ainsi 2 ou 3 autres couches successives. Terminez par de la béchamel et parsemez de gruyère râpé.**

❼ **Enfournez** et laissez cuire **30 min** environ.

Épinards surgelés
(1 kg)
Fromage de chèvre
(1 bûche de 400 g)
Feuilles de lasagne (24)
•Gruyère râpé (200 g) •Beurre (pour le plat)
•Sel, poivre

Pour la béchamel :
• Farine (50 g) •Beurre (50 g)
•Lait (60 cl) •Noix de muscade
râpée •Sel, poivre

Tomates fraîches (600 g)
Tofu ferme (250 g)
Haricots rouges secs (300 g)
Poivrons vert et rouge (1 + 1)
Poivron jaune ou orange (1)
Piments verts frais (1 ou 2)
Maïs doux (150 g)
Oignons rouges (2)
Sucre roux (4 morceaux)
Vin rouge (15 cl)
Coriandre fraîche hâchée (2 c. à café)

• **Ail** (3 gousses)
• **Piment de Cayenne** (1 pincée)
• **Cumin en poudre** (1,5 c. à café) • **Graines de sésame** (1 c. à soupe)
• **Huile d'olive** (2 c. à soupe)
• **Sel, poivre**

CHILI CON TOFU ET LÉGUMES

Pour 6 personnes
Préparation 15 min
Cuisson 2 h
Repos 12 h
Facile ◖
Coût ◉ⓒⓒ

Top des avis :
"Délicieux, ce « chili sin carne » !
Même sans tofu... En revanche, **j'ai ajouté 2 carottes coupées en dés.**"
Disvoir

"**J'ai commencé par faire griller les cubes de tofu**, cela apporte un petit plus niveau texture et visuel." VanvanLatuflipe

"**J'ai testé ce plat en ajoutant des épices mexicaines** toutes prêtes. Que du bonheur !"
sorahu

Astuce : Accompagnez ce plat de toasts grillés et beurrés (le beurre atténue la force du piment).

① La veille, **faites tremper les haricots rouges secs pendant 12 h dans de l'eau.** Le lendemain, **faites-les précuire environ 1 h 30 dans une casserole d'eau salée** : ils doivent être encore un peu fermes.

② Lavez et **coupez les tomates en petits dés. Mixez-en la moitié pour obtenir un coulis.**

③ **Épluchez les oignons rouges. Émincez-les ainsi que les piments frais.** Lavez, épépinez et **coupez les poivrons en dés.** Pelez et **hachez les gousses d'ail. Émiettez le tofu à la main.**

④ Dans une grande poêle ou une grande sauteuse, **faites chauffer l'huile d'olive sur feu vif. Ajoutez les oignons et faites-les revenir** 1 min en remuant. **Ajoutez le tofu, l'ail, les poivrons et les piments frais**, et faites revenir 2 min en remuant.

⑤ **Ajoutez les dés de tomates. Incorporez les graines de sésame, le cumin et la coriandre.** Faites revenir 2 min puis **baissez sur feu moyen.**

⑥ **Ajoutez le maïs et les haricots rouges. Mélangez** bien le tout. **Versez le vin rouge.**

⑦ **Ajoutez le coulis de tomate. Salez, sucrez, poivrez, ajoutez le piment de Cayenne** (selon les goûts). **Baissez le feu à doux. Laissez mijoter pendant encore 20 min** environ : les poivrons doivent rester légèrement croquants.

COUSCOUS AUX LÉGUMES

Pour 8 personnes
Préparation 1 h
Cuisson 1 h
Facile ◐
Coût €€€

Top des avis :
"**Je sers toujours, dans un bol à part, de la harissa et des cubes de feta.** Le mélange est délicieux."
Colette_432

"Bonne recette, **j'ai rajouté des épices à couscous. C'est réussi, goûteux et léger.**" Christine_2377

"**J'ai remplacé le fenouil par des navets.**"
Laurent_6791

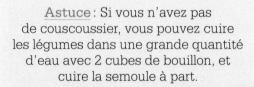

Astuce : Si vous n'avez pas de couscoussier, vous pouvez cuire les légumes dans une grande quantité d'eau avec 2 cubes de bouillon, et cuire la semoule à part.

Cuire de la semoule de couscous

❶ Mettez de l'eau à bouillir dans un couscoussier.

❷ **Épluchez les carottes, coupez-les en dés et mettez-les dans le couscoussier** pour qu'elles cuisent à la vapeur. Couvrez.

❸ Lavez et **coupez les haricots verts en petits morceaux et mettez-les avec les carottes.** Couvrez.

❹ **Coupez en dés les poivrons** préalablement lavés et épépinés et **ajoutez-les dans le couscoussier.** Couvrez.

❺ Lavez et **coupez le fenouil en petits dés et rajoutez-le aux autres légumes avec les petits pois.** Couvrez.

❻ **Épluchez les pommes de terre. Coupez les courgettes et les pommes de terre en gros morceaux, ajoutez-les au reste des légumes.** Couvrez.

❼ **Terminez en ajoutant les oignons et l'ail** préalablement pelés et **émincés. Salez, ajoutez le cumin et du poivre.** Couvrez et laissez cuire encore 5 min.

❽ **Ajoutez les graines de couscous et laissez cuire 10 min sans couvrir.**

❾ Éteignez le feu sous le couscoussier. **Au bout de 5 min, versez les légumes et les graines de couscous dans un grand saladier**, mélangez.

❿ **Ajoutez 1 c. à soupe d'huile d'olive dans chaque assiette et parsemez de feuilles de coriandre fraîche** préalablement lavée. Servez aussitôt.

Couscous fin (500 g)
Carottes (3)
Haricots verts (500 g)
Poivron rouge (1)
Poivron vert (1)
Fenouil (1) / **Courgettes** (2)
Petits pois surgelés (300 g)
Coriandre fraîche (½ bouquet)
Oignons (1 kg)
• Pommes de terre (2)
• Ail (3 gousses) • Cumin en poudre
(3 pincées) • Huile d'olive
• Sel, poivre

Tomates
(4 grosses)
Coriandre fraîche (quelques feuilles)
• Œufs (4) • Crème fraîche (12,5 cl)
• Huile (pour le plat)
• Sel, poivre

recette proposée par
virginie_468

TOMATES FARCIES AUX ŒUFS ET À LA CRÈME

Pour 4 personnes
Préparation 10 min
Cuisson 15 min
Très facile ◑
Coût €€€

❶ Préchauffez le four à 180 °C (th. 6).

❷ **Coupez la partie supérieure des tomates, retirez le cœur** à l'aide d'une petite cuillère.

❸ **Répartissez la crème fraîche** dans les tomates et **poivrez.**

❹ **Huilez** le fond d'**un plat** allant au four, **disposez les tomates et cassez 1 œuf dans chacune d'elles. Salez les œufs.**

❺ **Enfournez** et laissez cuire **15 min** environ. **Parsemez de feuilles de coriandre** lavée et ciselée avant de servir.

Top des avis :
"Pour ma part, **j'ai ajouté un peu d'herbes de Provence sur l'œuf. Résultat délicieux !**" Neptunide

"J'ai saupoudré un peu de gruyère râpé pour gratiner le tout." Lilou0908

"Cela fonctionne également très bien avec des œufs de caille." Thibodoudou

Astuce : Veillez à ne pas percer la chair des tomates en retirant le cœur : mieux vaut en enlever moins que trop !

DUO DE CHOC : FÉCULENTS ET LÉGUMES

On a un petit secret à vous révéler. Tout ce que l'on vous demande, c'est de le conserver précieusement et de le mettre en pratique. LA clé pour manger végétarien ET équilibré, c'est d'associer les céréales et les légumineuses. Si, si, on vous assure, cela vous permet d'assimiler parfaitement les protéines et c'est BON pour vous (et pour vos papilles !). Alors voici de quoi vous amuser…

recette proposée par
agnes_80

FLAN SEMOULE ET COURGETTES

Pour 4 personnes
Préparation 20 min
Cuisson 40 min
Très facile ◓
Coût ◓☺☺

❶ Préchauffez le four à 180 °C (th. 6).

❷ Lavez et **coupez les courgettes en petits morceaux.**

❸ **Faites-les cuire une dizaine de minutes à la vapeur.**

❹ Pendant ce temps, **versez la semoule à couscous dans un saladier, versez le même volume d'eau chaude dessus** et laissez gonfler. Égrainez avec une fourchette.

❺ **Tapissez le fond d'un moule à manqué** (ou d'un plat à gratin) **de semoule.**

❻ **Battez les œufs, la crème et le fromage râpé. Ajoutez les courgettes, un peu de curry, du sel et du poivre.** Mélangez.

❼ **Versez la préparation aux courgettes sur la semoule.**

❽ **Enfournez** et laissez cuire pendant **30 min.**

❝

Top des avis :
"J'ai fait revenir mes courgettes coupées en dés avec des oignons et un peu de sucre."
hanaeflora

"J'ai mis du parmesan dans la crème et du gruyère râpé sur le flan pour gratiner."
Véronique_6

"Proportions parfaites. Nous avons accompagné ce flan d'une salade de mâche. Un régal !"
Marine68025

❞

Astuce : Pour éviter de cuire les courgettes au préalable, râpez-les.

Courgettes (2)
**Semoule
à couscous** (100 g)
• Œufs (2)
• Crème liquide (20 cl)
• Fromage râpé (70 g)
• Curry • Sel, poivre

Poivrons (4)
Aubergine (1)
Raisins secs
(2 poignées)
Pignons de pin (50 g)
• Riz (150 g) • Oignon (1)
• Curry (1 c. à café)
• Huile d'olive (2 c. à soupe)
• Quatre-épices (1,5 c. à café)
• Piment de Cayenne
• Tabasco ou ketchup
• Sel

recette proposée par
Caroline_75

POIVRONS FARCIS

Pour 4 personnes
Préparation 15 min
Cuisson 25 min
Facile ◖
Coût ⊜⊜⊜

❶ **Faites cuire le riz** dans une casserole d'eau bouillante **avec le curry et du sel** pendant 10-15 min.

❷ **Lavez les poivrons, coupez-les en 2, enlevez le cœur et les graines.**

❸ **Faites bouillir les poivrons 15 min** environ dans une grande casserole d'eau.

❹ **Épluchez l'oignon. Coupez-le en dés ainsi que l'aubergine.**

❺ Dans une poêle, **faites revenir l'oignon et l'aubergine avec l'huile d'olive.** Une fois qu'ils sont dorés, **ajoutez les pignons.** Laissez dorer les pignons quelques instants.

❻ **Une fois les dés d'aubergine cuits, stoppez la cuisson et ajoutez le quatre-épices, le piment, une pincée de sel, les raisins secs, et un peu de ketchup ou du Tabasco** afin de lier l'ensemble.

❼ **Égouttez puis ajoutez le riz** à ce mélange.

❽ **Sortez les poivrons** de l'eau, égouttez-les et **farcissez-les avec la préparation au riz.**

❾ Servez aussitôt.

Top des avis :
"**Réchauffé au four avec un peu de mozzarella sur le dessus, c'est un vrai délice !**" stephbrux

"Faute de pignons de pin, j'ai utilisé des pistaches et l'harmonie est aussi bonne." Maridoline7

"**J'ai utilisé 2 gros poivrons que j'ai coupés en deux dans la hauteur pour les farcir.**" Saneli

Astuce : Si vous préférez les poivrons rôtis, farcissez-les crus et enfournez le tout 30 min à 180 °C (th. 6).

recette proposée par
Mitsuko

RISOTTO DE COURGETTES AUX CHAMPIGNONS

Pour 4 personnes
Préparation 15 min
Cuisson 30 min
Facile ◖
Coût €€€

Astuce : Vous pouvez varier en utilisant par exemple des petits pois surgelés.

 La recette filmée

❶ **Faites chauffer le bouillon** dans une casserole.

❷ **Épluchez l'oignon, lavez soigneusement les champignons. Émincez-les.**

❸ Dans une sauteuse, **faites revenir l'oignon et les champignons** dans le beurre.

❹ **Pendant ce temps**, lavez et **coupez les courgettes en rondelles fines** sans les éplucher.

❺ **Ajoutez le riz au mélange oignon-champignons.** Lorsque le riz devient translucide, **versez le vin blanc.**

❻ Attendez que le vin soit évaporé puis **ajoutez les courgettes.**

❼ **Laissez cuire 2 min puis, sans cesser de remuer, ajoutez une louche de bouillon bien chaud.**

❽ **Attendez que le riz ait absorbé le bouillon avant d'en ajouter une autre louche** et ainsi de suite, jusqu'à ce que le riz soit cuit (comptez environ 20 min).

❾ **Hors du feu, ajoutez la crème et le parmesan**, remuez, couvrez et attendez 2 min.

❿ Rectifiez l'assaisonnement, **parsemez de feuilles de basilic** préalablement lavées et servez.

**Riz rond
Arborio** (250 g)
Courgettes (2)
**Champignons de Paris
frais** (250 g)
Parmesan râpé (50 g)
Bouillon de légumes (1 l)
Vin blanc sec (10 cl)
Basilic frais (4 brins)
• Oignon (1) • Beurre (30 g)
• Crème fraîche (25 cl)
• Sel, poivre

Poireaux (3)
Tomates (3)
Chèvres frais (2)
• Riz (300 g) • Curry (2 c. à café)
• Oignon (1)
• Huile d'olive
(1 c. à soupe)
• Sel, poivre

GRATIN DE RIZ AUX POIREAUX ET CURRY

Pour 4 personnes
Préparation 15 min
Cuisson 30 min
Facile ◗
Coût €©©

Top des avis :
"À défaut de chèvre, **j'ai utilisé du saint-marcellin. Résultat délicieux !**" Melo

"**Le chèvre peut aussi être remplacé par de la mozzarella.**" Cecile_1887

"**J'ai précuit les poireaux 10 min au micro-ondes avec 1 c. à soupe d'eau.**" Corinne_872

Astuce : Vous pouvez remplacer les poireaux par des courgettes.

❶ Nettoyez et **émincez les poireaux.**

❷ Pelez et **émincez l'oignon.**

❸ Lavez et **coupez les tomates en dés.**

❹ **Faites revenir l'oignon** dans une poêle avec l'huile d'olive.

❺ Lorsque l'oignon est translucide, **ajoutez les poireaux, les dés de tomate et le curry. Salez, poivrez et laissez mijoter 25 min** : les poireaux doivent être fondants.

❻ Pendant ce temps, **faites cuire le riz** dans une casserole d'eau bouillante salée : comptez 12 min de cuisson environ. Égouttez-le.

❼ Préchauffez le gril du four.

❽ **Dans un plat à gratin, mettez les trois quarts du riz cuit, versez le mélange oignon-poireaux et couvrez avec le riz restant.**

❾ **Coupez les chèvres en tranches fines et répartissez-les sur le dessus du gratin.**

❿ **Faites gratiner quelques minutes** sous le gril du four.

WOK DE QUINOA

Pour 4 personnes
Préparation 15 min
Cuisson 20 min
Facile
Coût

1. Épluchez et **coupez l'oignon, l'échalote, l'ail et la carotte en petits morceaux.**

2. **Rincez le quinoa.**

3. **Faites chauffer un peu d'huile de sésame** dans un wok (ou une sauteuse). **Ajoutez l'oignon, la carotte, l'échalote et l'ail. Saupoudrez de curry** et mélangez.

4. Une fois les légumes saisis, **versez le quinoa et faites-le rissoler** quelques instants.

5. **Ajoutez de l'eau** de manière à recouvrir tous les ingrédients. Laissez frémir jusqu'à absorption complète de l'eau.

6. **Versez le lait de coco. Laissez chauffer** jusqu'à ce que le quinoa soit cuit (les germes doivent sortir). Salez et poivrez.

7. **Au moment de servir, ajoutez les tomates cerises coupées en deux et les graines de sésame.**

Top des avis :
"**Très bon. Recette réalisée avec du riz basmati** car rupture de quinoa !" milocatsu

"**J'ai mis quelques dés de poivron et des pousses de soja.** À refaire absolument." marion_1549

"Vraiment facile et excellent. **J'ai ajouté de la pâte de curry rouge, qui se marie bien avec le lait de coco.**" Emilie_395

Astuce : Si vous ne trouvez pas de tomates cerises, vous pouvez les remplacer par des tomates séchées.

Carotte (1)
Quinoa
(1,5 verre à moutarde)
Tomates cerises (250 g)
Graines de sésame
(1 poignée)
Lait de coco (25 cl)
• Oignon (1) • Échalote (1)
• Ail (1 gousse) • Sel, poivre
• Curry en poudre (3 pincées)
• Huile de sésame

Quinoa (200 g)

Courgettes (3)

Champignons de Paris frais (200 g)

- Oignon (1 gros) • Œufs (2)
- Crème liquide (20 cl) • Thym
- Huile d'olive (2 c. à soupe)
- Beurre (pour le plat)
- Sel, poivre

recette proposée par
edith

GRATIN FONDANT COURGETTES ET QUINOA

Pour 4 personnes
Préparation 15 min
Cuisson 55 min
Facile
Coût €©©

Top des avis :

"J'ai rajouté un peu de curry pour relever le plat." Kikidi

"Adepte des repas « light »,
j'ai remplacé les 20 cl de crème
par 20 cl de lait écrémé
et le résultat est très bon !"
nathalie31400

"J'ai ajouté du fromage râpé sur
le dessus pour le faire gratiner."
Toupoune

Astuce : Vous pouvez également réaliser ce gratin avec du potiron à la place des courgettes.

① Préchauffez le four à 200 °C (th. 6-7).

② Dans une casserole, **faites cuire le quinoa** dans 2,5 fois son volume d'eau salée, jusqu'à ce que le petit germe blanc apparaisse.

③ Épluchez et **coupez l'oignon en lamelles.**

④ Lavez, épluchez et **coupez les courgettes en rondelles.**

⑤ Dans une poêle, **faites revenir l'oignon** avec l'huile d'olive.

⑥ Lorsqu'il commence à fondre, **ajoutez les courgettes et du thym.** Faites cuire à feu moyen 10 min.

⑦ **Ajoutez ensuite les champignons** préalablement lavés et **émincés,** laissez cuire encore 5 min. Salez et poivrez.

⑧ **Égouttez puis mélangez le quinoa avec les légumes** dans un saladier.

⑨ Dans un bol, **battez les œufs avec la crème liquide. Ajoutez-les au quinoa.**

⑩ **Versez le tout dans un plat à gratin** préalablement **beurré, enfournez** et laissez cuire pendant **environ 40 min** (jusqu'à ce que le dessus soit doré).

TAGLIATELLES AU MASCARPONE ET AUX PETITS POIS

Pour 4 personnes
Préparation 20 min
Cuisson 25 min
Facile ◖
Coût ◕◕◔

Top des avis :
"**J'ai remplacé le mascarpone par du gorgonzola** et j'ai doublé les quantités de fromage. C'est vraiment excellent !" maria128

"**J'ai déglacé le mélange ail-oignon au vin blanc avant d'ajouter le mascarpone.** Juste divin !" sopheline

"**J'ai ajouté du thym** et c'était une très bonne idée." peggykuoszucki

Astuce : Vous pouvez remplacer l'ail, l'oignon et le mascarpone par du fromage à l'ail et aux fines herbes.

❶ **Faites bouillir une grande casserole d'eau salée.**

❷ **Mettez-y les petits pois**, laissez cuire 5 min.

❸ **Ajoutez les tagliatelles** dans la casserole. Laissez cuire 10 min.

❹ Épluchez et **émincez l'oignon.** Épluchez et **pressez l'ail. Faites-les dorer** avec l'huile d'olive dans une poêle.

❺ **Ajoutez le mascarpone** et laissez fondre à feu doux.

❻ **Ajoutez 2 ou 3 c. à soupe d'eau de cuisson des pâtes** puis mélangez pour délayer un peu la sauce.

❼ **Égouttez les pâtes et les petits pois.**

❽ **Dans un plat, versez la sauce puis les pâtes et les petits pois.** Mélangez et **parsemez de copeaux de parmesan**, rectifiez l'assaisonnement et servez.

Tagliatelles
(300 g)

Mascarpone (125 g)

**Petits pois frais
écossés ou surgelés**
(300 g)

Copeaux de parmesan
(40 g)

• Oignon (1) • Ail (1 gousse)
• Huile d'olive (1 c. à soupe)
• Sel, poivre

Nouilles chinoises (300 g)
Carotte (1)
Courgettes (2)
Poireau (½)
Champignons de Paris frais (250 g)
Poivron rouge (1)
• Sauce soja (3 c. à soupe) • Oignon (1)
• Cinq-épices (1,5 c. à café)
• Huile de tournesol
(3 c. à soupe)

recette proposée par
Agnes_46

NOUILLES CHINOISES AUX LÉGUMES ET AUX ÉPICES

Pour 4 personnes
Préparation 25 min
Cuisson 5 min
Facile ◐
Coût ⬤☺☺

❶ Lavez, épluchez et **détaillez tous les légumes en fines lanières.**

❷ **Faites bouillir une grande casserole d'eau salée, plongez-y les nouilles chinoises.** Dès que l'ébullition a repris, couvrez, éteignez le feu et laissez reposer pendant 4 min.

❸ Pendant ce temps, **faites revenir dans une sauteuse les légumes dans l'huile** pendant 5 min, à feu très vif.

❹ **Ajoutez le cinq-épices et la sauce soja.**

❺ **Égouttez les nouilles, ajoutez-les aux légumes,** mélangez puis servez.

❝

Top des avis :
"Par manque de temps, **j'ai utilisé une julienne de légumes surgelée qui a très bien fait l'affaire.**" Angelina_87

"**Pour faire rapidement la julienne** de carotte et de courgettes, **j'ai utilisé une râpe à gros trous.**" Cyann

"**J'ai choisi de faire cette recette en remplaçant les nouilles par du riz complet.**" LHS_

❞

Astuce : Pour découper la carotte et les courgettes en fines lanières, coupez-les d'abord en tranches fines. Mais si vous avez une mandoline, c'est l'idéal.

recette proposée par
Francois_76

GNOCCHIS À LA CRÈME DE POIVRON

Pour 2 personnes
Préparation 10 min
Cuisson 10 min
Facile ◗
Coût 🅔🅔🅔

Top des avis :
"**J'ai** pelé les poivrons pour que ce soit plus digeste et **ajouté de la pâte de piment pour relever le tout.**" Rachelemong

"**J'ai remplacé le parmesan par du chèvre**, c'était délicieux !"
Estelle_326

Astuce : Pour une crème verte, il suffit d'utiliser un poivron vert.

Préparer des gnocchis maison

❶ **Lavez le poivron**, coupez-le en deux, ôtez le pédoncule et les graines.

❷ **Détaillez-le en petites lamelles.**

❸ **Faites revenir le poivron** dans une poêle avec l'huile d'olive.

❹ Quand il commence à dorer, stoppez la cuisson, versez-le dans un bol et **mixez-le.**

❺ **Versez le poivron mixé dans la poêle sur feu doux, ajoutez la crème fraîche puis le parmesan. Salez et poivrez.** Laissez épaissir quelques instants.

❻ Pendant ce temps, **faites cuire les gnocchis** dans une grande casserole d'eau bouillante. Ils sont prêts dès qu'ils remontent à la surface.

❼ **Égouttez les gnocchis et versez-les dans un plat. Nappez-les de sauce** et saupoudrez d'un peu de parmesan râpé avant de servir bien chaud.

Gnocchis de pommes de terre (250 g)
Poivron rouge (1)
Parmesan râpé (3 c. à soupe + un peu pour servir)
• Crème fraîche (3 c. à soupe)
• Huile d'olive (1 c. à soupe)
• Sel, poivre

Tofu nature
(250 g)
Nouilles chinoises
(250 g)
Coriandre fraîche
(¼ de bouquet)
• Miel (2 c. à soupe)
• Huile de tournesol

Pour la marinade :
Oignons verts
(3)
Gingembre frais
(1 petit morceau)
• Sauce soja
• Ail (4 gousses)
• Poivre

recette proposée par
Nathy_58

WOK DE NOUILLES CHINOISES AU TOFU

Pour 2 personnes
Préparation 15 min
Cuisson 15 min
Repos 2 h
Facile
Coût ⚫⚫○

Top des avis :
"**J'ai utilisé des amandes entières concassées à la fin,** pour apporter du croquant." Nicolasdesbois

"**J'ai ajouté des poivrons surgelés et quelques rondelles de carottes.** Nous avons adoré !" lulumath72

"**J'ai seulement ajouté des champignons noirs.** Ce fut un vrai festin." opidum

Astuce : Agrémentez ce plat de légumes coupés en fines lanières : poivrons rouge et vert, piment vert et/ou brocolis, marinés dans une sauce composée de 4 c. à soupe d'huile, 2 c. à soupe de sauce soja et de poivre.

❶ Préparez la marinade : épluchez et **hachez le gingembre et l'ail.** Lavez et **hachez finement les oignons verts.**

❷ **Dans un plat creux, versez 6 à 8 c. à soupe de sauce soja. Ajoutez le gingembre, l'ail et les oignons verts, poivrez** et mélangez.

❸ **Coupez le tofu en cubes, plongez-les dans la marinade, ajoutez le miel** et mélangez bien. **Laissez reposer pendant 2 h.**

❹ **Portez à ébullition une grande casserole d'eau, puis plongez-y les nouilles chinoises.** Faites cuire 2 min puis égouttez-les.

❺ **Égouttez le tofu puis faites-le sauter dans un wok** avec un peu d'huile chaude : il faut que les cubes de tofu soient bien dorés.

❻ **Ajoutez les nouilles.** Faites sauter le tout pendant 5 à 6 min, **en ajoutant le reste de la marinade.**

❼ **Servez, parsemé de coriandre** lavée et grossièrement hachée.

PÂTES AUX NOIX ET À LA SAUGE

Pour 2 personnes
Préparation 5 min
Cuisson 10 min
Très facile 🔵
Coût 🔵🔵🔵

Top des avis :
"**J'ai mixé les noix avec le reste,** la sauce était très bonne."
Delphine_408

"À défaut de pain de mie, **j'ai utilisé du pain complet, ça marche aussi !**" Dofiar

"**Des pâtes longues comme des linguines conviennent très bien.**" Judithmalala

Astuce : Pour une sauce plus forte en goût, remplacez le parmesan par du gorgonzola coupé en dés.

❶ **Faites cuire les pâtes** dans une grande casserole d'eau bouillante salée pendant une dizaine de min : elles doivent être *al dente*. Égouttez-les.

❷ Épluchez, dégermez et **hachez la gousse d'ail. Concassez grossièrement les cerneaux de noix.**

❸ Dans une grande casserole, **faites chauffer le lait.** Quand il commence à bouillir, baissez le feu et continuez à feu doux.

❹ **Ajoutez le pain et l'ail, puis mixez** pour avoir une sauce homogène.

❺ **Ajoutez le parmesan, puis la crème fraîche. Poivrez** généreusement et mélangez, toujours sur feu très doux.

❻ **Ajoutez la moitié de la sauge** préalablement lavée. Mélangez bien et laissez chauffer sur feu très doux.

❼ **Lorsque la sauce est bien onctueuse, ajoutez les cerneaux de noix.** Mélangez quelques instants sur feu doux pour que la sauce prenne un peu le goût des noix.

❽ **Versez les pâtes dans un saladier. Ajoutez la sauce, mélangez bien, ajoutez les feuilles de sauge restantes** et servez.

**Pâtes
type farfalle**
(300 g)
Parmesan râpé (40 g)
Noix (10 cerneaux)
Sauge fraîche (10 feuilles)
ou en poudre (1 c. à soupe)
**Pain de mie sans
croûte** (2 tranches)
• Lait (50 cl) • Ail (1 gousse)
• Crème fraîche (20 cl)
• Sel, poivre

Quinoa (280 g)
Tofu ferme (200 g)
Tomates (3)
Tomates cerises (4)
Concombre (1 petit)
Basilic (½ bouquet)
Radis (½ botte)
• Huile d'olive (3 c. à soupe)
• Sel, poivre

recette proposée par
magali_1357

TABOULÉ AU QUINOA ET AU TOFU

Pour 4 personnes
Préparation 25 min
Cuisson 15 min
Très facile 🌶
Coût €€€

① Dans une casserole, **faites bouillir 1 l d'eau.**

② À ébullition, **versez le quinoa et laissez cuire 15 min.**

③ Pendant ce temps, **coupez le tofu en petits dés.**

④ Épluchez et **râpez le concombre.**

⑤ Lavez et **coupez les tomates en morceaux, les tomates cerises en deux.**

⑥ **Lavez les radis puis ôtez leurs extrémités. Coupez les radis en fines lamelles.**

⑦ **Quand le quinoa est cuit, égouttez-le et rincez-le** sous l'eau froide, égouttez-le encore.

⑧ **Versez le quinoa dans un saladier et ajoutez le tofu, le concombre, les radis, les tomates et les tomates cerises.**

⑨ Lavez et **ciselez le basilic, ajoutez-le à la préparation.**

⑩ **Salez, poivrez et ajoutez l'huile d'olive.** Mélangez bien puis servez.

Top des avis :
"J'ai remplacé le basilic par du persil plat. C'est très frais." Claire_34

"**J'ai râpé les grosses tomates et le concombre** plutôt que de les couper en dés." Anaissisi

"**Réalisé avec de la semoule à la place du quinoa**, c'était parfait !" Julien_8896

Astuce : Arrosez ce taboulé d'une vinaigrette composée d'huile d'olive, d'un peu de jus de citron, de sel et de poivre.

ON ROULE POUR LES TARTES ET LES GALETTES

N'allez pas nous dire que manger végétarien, ce n'est pas de la tarte, parce que des tartes, vous allez pouvoir vous en donner à cœur joie et en cuisiner tout plein. Et ce n'est pas l'inspiration qui va vous faire défaut, puisque l'on a plein d'idées de recettes à vous suggérer. Comme nous sommes vraiment très gentils, nous avons aussi mis un supplément galettes. Parce que les galettes, ça cache toujours de bonnes choses.

TARTE TATIN DE LÉGUMES

Pour 6 personnes
Préparation 20 min
Cuisson 50 min
Facile ◖
Coût ⓔ☺☺

① **Épluchez et émincez l'oignon. Lavez tous les légumes** puis **émincez-les en fines rondelles ou lamelles.**

② Dans une poêle, **faites revenir les légumes et l'oignon dans l'huile d'olive** à feu moyen, pendant environ 20 min.

③ Au bout de 15 min, **salez, poivrez et ajoutez les herbes de Provence.**

④ Préchauffez le four à 210 °C (th. 7).

⑤ **Garnissez le fond d'un moule à tarte de papier sulfurisé, puis étalez les légumes par-dessus. Tassez** à l'aide d'une cuillère de façon à ce que le dessus soit à peu près plat.

⑥ **Saupoudrez de parmesan et déposez la pâte feuilletée par-dessus.** Rentrez les bords de la pâte à l'intérieur du plat.

⑦ **Piquez la pâte et enfournez pour 30 min** jusqu'à ce que la pâte soit cuite.

⑧ À la sortie du four, **retournez la tarte sur un plat** et servez chaud.

Top des avis :
"Succès garanti ! **J'ai préparé les légumes la veille pour qu'ils soient bien confits.**" Afternoontea

"**J'ai réalisé cette recette avec des légumes pour ratatouille congelés, un oignon, des poivrons grillés en conserve** et 1 c. à soupe de confit de tomates séchées." Mamelie3

"**J'ai ajouté des morceaux de chèvre et du miel** sur le papier sulfurisé avant de mettre les légumes, c'était délicieux." Syl2792

Astuce : À défaut de pâte feuilletée, vous pouvez utiliser une pâte brisée.

Pâte feuilletée
(1 rouleau)
Courgette (1)
**Poivrons de couleurs
différentes** (3)
Aubergine (½)
Parmesan râpé (50 g)
• Oignon (1)
• Huile d'olive (3 c. à soupe)
• Herbes de Provence
(3 pincées)
• Sel, poivre

Pâte brisée
(1 rouleau)
Tofu nature (200 g)
**Tomates pelées
en boîte** (250 g)
Basilic, persil (3 brins)
• Fromage râpé (50 g) • Œufs (3)
• Crème fraîche épaisse
ou semi-épaisse (20 cl)
• Moutarde (2 c. à soupe)
• Beurre • Sel, poivre

QUICHE AU TOFU

Pour 4 personnes
Préparation 20 min
Cuisson 25 min
Facile ◗
Coût €€€

Top des avis :

"Il faut bien émietter le tofu et ne pas le couper en cubes." Celineipo8

"Les blancs en neige donnent de la légèreté à cette tarte originale. Bravo !" marieCecile_35

"Excellente quiche végétarienne. La moutarde relève parfaitement le goût du tofu." maryvonna

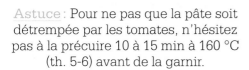

Astuce : Pour ne pas que la pâte soit détrempée par les tomates, n'hésitez pas à la précuire 10 à 15 min à 160 °C (th. 5-6) avant de la garnir.

① Lavez, **coupez les tomates en morceaux et égouttez-les** dans une passoire.

② Préchauffez le four à 200 °C (th. 6-7).

③ **Étalez la pâte** dans un moule à tarte préalablement **beurré. Piquez le fond** avec une fourchette.

④ **Étalez la moutarde** sur le fond de tarte.

⑤ **Répartissez les tomates** bien égouttées puis **émiettez le tofu** par-dessus.

⑥ **Séparez les blancs des jaunes d'œufs.**

⑦ **Montez les blancs d'œufs en neige.**

⑧ Dans un saladier, **mélangez les jaunes d'œufs, la crème, les herbes** préalablement lavées et ciselées, **du sel et du poivre.**

⑨ **Incorporez les blancs en neige** à cette préparation en mélangeant délicatement au fouet. **Versez la préparation sur le tofu et les tomates.**

⑩ **Parsemez de fromage râpé.**

⑪ **Enfournez** et laissez cuire **25 min.**

recette proposée par
lnpetitefleur

TARTE COURGETTES, PESTO ET CHÈVRE

Pour 6 personnes
Préparation 15 min
Cuisson 50 min
Très facile 🌖
Coût 🪙🪙🪙

Top des avis :
"J'ai mis moitié chèvre moitié mozzarella et **j'ai déposé des tomates coupées en rondelles sur le fond de tarte.**" Nadege_839

"Avec une pâte brisée, c'était très bon et original." Capucine_5

"J'ai utilisé un pesto maison et je n'en ai pas mis dans la crème. Juste parfait." Alice_10

Astuce : Égouttez bien les courgettes sur un papier essuie-tout après la cuisson afin qu'elles ne détrempent pas la pâte feuilletée.

① Préchauffez le four à 210 °C (th. 7).

② Lavez et **épluchez les courgettes, coupez-les en dés.**

③ **Faites-les revenir à la poêle** dans l'huile d'olive pendant 10 min.

④ **Ajoutez 3 c. à soupe de pesto et poivrez.** Mélangez.

⑤ **Déposez la pâte feuilletée au fond d'un moule à tarte** préalablement **beurré** et **badigeonnez le fond d'une fine couche de pesto.**

⑥ **Disposez les dés de courgette dessus.**

⑦ Dans un bol, **mélangez les œufs, le lait, la crème et 3 c. à soupe de pesto. Salez légèrement et poivrez. Ajoutez les courgettes et mixez le tout.**

⑧ **Versez la préparation sur la pâte feuilletée.**

⑨ **Répartissez le fromage de chèvre** préalablement coupé en rondelles.

⑩ **Enfournez** et laissez cuire pendant **40 min.**

Pâte feuilletée
(1 rouleau)
Courgettes (3)
Pesto de basilic (½ pot)
Fromage de chèvre en bûche type sainte-maure de Touraine (½)
• Œufs (3) • Crème fraîche (20 cl)
• Lait (15 cl) • Huile d'olive
(2 c. à soupe) • Beurre
• Sel, poivre

Pâte brisée
(1 rouleau)
Fonds d'artichaut
(8 ou 9)
Tomates séchées (9)
• Oignons (3)
• Huile d'olive (2 c. à soupe)
• Herbes de Provence
• Beurre • Sel, poivre

recette proposée par
aganouna

TARTE AUX ARTICHAUTS ET TOMATES SÉCHÉES

Pour 6 personnes
Préparation 10 min
Cuisson 15 min
Très facile ☺
Coût ☺☺☺

Top des avis :
"**J'ai ajouté de la feta et de la crème fraîche avec un oeuf.**"
ESTHER_5

"J'ai mis un peu moins d'artichauts, mais **j'ai rajouté 2 œufs, de la crème fraîche et un peu de lait. J'ai donc refait cuire la tarte 30 min supplémentaires.**" Veronique_189

"**J'ai parsemé la tarte de câpres avant de servir.**"
Perrine_80

Astuce : En saison, remplacez les tomates séchées par des rondelles de tomates fraîches (roma ou cerises).

① Préchauffez le four à 210 °C (th. 7).

② **Déposez la pâte dans un moule à tarte** préalablement **beurré**. Piquez le fond et **faites-la cuire pendant 10 à 15 min.**

③ Épluchez et **émincez les oignons.**

④ **Faites-les revenir à la poêle** dans l'huile d'olive pendant une dizaine de minutes : ils doivent être bien colorés.

⑤ **Ajoutez les fonds d'artichaut** préalablement **coupés en morceaux** et laissez revenir encore 5 min.

⑥ **Salez, poivrez et saupoudrez d'herbes de Provence.** Ajoutez un peu d'eau si les légumes attachent au fond de la poêle.

⑦ **Garnissez le fond de tarte avec la préparation,** puis **décorez avec les tomates séchées.**

⑧ Servez aussitôt ou maintenez la tarte au chaud jusqu'au service.

QUICHE AUX COURGETTES ET AU CHÈVRE

Pour 4 personnes
Préparation 15 min
Cuisson 55 min
Très facile ⬤
Coût ⬤©©

1 Préchauffez le four à 200 °C (th. 6-7).

2 Lavez et **coupez les courgettes en rondelles fines.**

3 **Faites-les revenir 15 min environ dans une poêle** avec les herbes de Provence et l'huile d'olive.

4 Dans un saladier, **battez les œufs, ajoutez le lait et la crème. Salez et poivrez.**

5 **Coupez le chèvre en petits cubes et ajoutez-les dans le saladier.**

6 **Étalez la pâte dans un moule** à tarte préalablement **beurré.** **Répartissez les courgettes et la crème.**

7 **Coupez les tomates cerises en deux et répartissez-les sur la tarte**, face coupée au-dessus.

8 **Enfournez** et laissez cuire **40 min.**

"

Top des avis :
"Très bonne recette, **j'ai ajouté des poivrons.**"
Salmael

"**J'ai parfumé les courgettes avec du basilic et du cumin.**" Angelique7583

"Hum ! **J'ai fait revenir les courgettes avec des oignons** et j'ai rajouté de la muscade." Lauriiz

Astuce : Pour une tarte plus gourmande, utilisez une pâte feuilletée.

"

Pâte brisée
(1 rouleau)
Courgettes (3)
Chèvre frais (150 g)
Tomates cerises (5 ou 6)
• Œufs (2) • Lait (25 cl)
• Crème fraîche (25 cl)
• Herbes de Provence
• Huile d'olive (2 c. à soupe)
• Sel, poivre
• Beurre

Pâte feuilletée ou brisée (1 rouleau)
Pommes de terre roseval (6 à 8 petites)
Roquefort (100 g)
• Gruyère râpé (50 g) • Œuf (1)
• Lait (20 cl) • Crème fraîche
épaisse (1 c. à soupe)
• Beurre • Sel, poivre

recette proposée par
Benedicte_68

TARTE POMMES DE TERRE ET ROQUEFORT

Pour 6 personnes
Préparation 15 min
Cuisson 40 min
Très facile ◑
Coût ⊜⊜⊜

❶ Préchauffez le four à 200 °C (th. 6-7).

❷ **Mettez les pommes de terre lavées mais non épluchées dans une casserole d'eau froide salée. Portez à ébullition puis laissez bouillir 10 min.**

❸ Égouttez et **coupez les pommes de terre en rondelles.**

❹ **Déposez la pâte dans un moule à tarte** préalablement **beurré.**

❺ **Disposez les rondelles de pommes de terre** sur la pâte en les faisant se chevaucher.

❻ **Émiettez le roquefort par-dessus et parsemez de gruyère râpé.**

❼ Dans un bol, **battez l'œuf puis ajoutez le lait et la crème.** Mélangez puis rectifiez l'assaisonnement.

❽ **Versez cette préparation sur la tarte.**

❾ **Enfournez** et laissez cuire **25 à 30 min.** Servez tiède.

> **Top des avis :**
> "J'ai pelé les pommes de terre et remplacé la moitié du lait par un peu plus de crème. À refaire sans hésiter !" emilieroulleau
>
> "C'est encore meilleur en faisant sauter les pommes de terre !"Pierre_860
>
> "Succulent ! J'ai essayé sans pâte, façon gratin, en augmentant un peu les proportions : 12 pommes de terre + 150 g de roquefort + 2 verres de lait + 2 c. soupe de crème fraîche."
> Roxanne_138

Astuce : À défaut de roquefort, du bleu conviendra parfaitement.

recette proposée par
stephanie

QUICHE À L'OSEILLE

Pour 6 personnes
Préparation 15 min
Cuisson 35 min
Très facile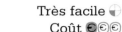
Coût

Top des avis :
**"J'ai fait revenir l'oseille avec
de l'huile d'olive et des échalotes."**
val1880

"Je n'avais pas de parmesan alors
j'ai utilisé de l'emmental,
très bon !" Sakura57

"Pour une recette plus légère,
**j'ai remplacé les 20 cl de crème
par du fromage blanc et les 60 g
de parmesan par de la crème
légère,** c'était délicieux !"
Sylvie_1796

Astuce : Pour ôter l'amertume
de l'oseille, faites-la bouillir 5 min
dans une casserole d'eau.

① **Si vous utilisez de l'oseille surgelée, faites-la décongeler. Si elle est fraîche, lavez-la.**

② Préchauffez le four à 210 °C (th. 7).

③ **Hachez l'oseille.**

④ Dans un saladier, **battez les œufs et ajoutez la crème. Salez et poivrez.** Mélangez bien.

⑤ **Ajoutez l'oseille et la moitié du parmesan.** Mélangez.

⑥ **Beurrez un moule à tarte puis déposez-y la pâte brisée.**

⑦ **Faites-la cuire** recouverte de papier sulfurisé et de poids de cuisson pendant **5 min.**

⑧ Retirez le papier sulfurisé et les poids de cuisson, **versez la préparation sur le fond de tarte puis saupoudrez du reste du parmesan.**

⑨ **Enfournez** de nouveau et laissez cuire **30 min.**

Pâte brisée
(1 rouleau)
**Oseille fraîche
ou surgelée** (350 g)
Parmesan râpé (60 g)
• Œufs (3)
• Crème fraîche (20 cl)
• Beurre
• Sel, poivre

Feuilles de brick (4)
Tomates (5)
Courgette (1)
Poivron (1)
• Oignon (1 gros)
• Huile d'olive (1 c. à soupe)
• Herbes de Provence
ou persil • Beurre
• Sel, poivre

TARTE FINE PROVENÇALE

Pour 6 personnes
Préparation 15 min
Cuisson 35 min
Facile
Coût ●◉◉

Top des avis :
"Très bon. **J'ai ajouté
une aubergine, un peu de semoule
sur les feuilles de brick** et
mis le four à 200 °C (th. 6-7)."
captainmarine

"**Après cuisson, j'ai saupoudré
la tarte de parmesan. Un délice !**"
Nathalie_4753

"**Pour éviter que les feuilles
de brick ne se délitent, j'ai laissé
les légumes cuits s'égoutter
pendant 20 à 25 min.** Résultat
garanti." Aurelie_1347

Astuce : Faites précuire les feuilles
de brick 5 min à 200 °C (th. 6-7) avant
de déposer la garniture afin qu'elles
restent bien croustillantes.

❶ Préchauffez le four à 180 °C (th. 6).

❷ Épluchez et **émincez l'oignon.**

❸ Lavez les légumes. **Coupez les tomates et
la courgette en rondelles, le poivron** préalablement
épépiné en lamelles.

❹ Dans une poêle antiadhésive, **faites revenir l'oignon
avec l'huile d'olive** sur feu moyen.

❺ Quand il commence à fondre, **ajoutez les rondelles
de tomates.** Laissez revenir quelques instants.

❻ **Ajoutez la courgette et le poivron.** Laissez cuire
5 min.

❼ **Salez, poivrez et parsemez d'herbes de Provence.**

❽ **Dans un moule à tarte** préalablement **beurré, placez
les 4 feuilles de brick. Déposez les légumes dessus.**

❾ **Enfournez** et laissez cuire **20 min.**

recette proposée par
Gilles_64

TARTELETTES AUBERGINES ET TOMATES AU CHÈVRE

Pour 6 tartelettes
Préparation 35 min
Cuisson 20 min
Très facile
Coût ●©©

Top des avis :

"Je rajoute une sauce aux champignons et tomates entre chaque couche pour que ce soit bien moelleux !" Moh2k

"J'ai remplacé les aubergines par des courgettes." Lulubrindillet

"J'ai garni mes fonds de tarte de pesto." Justina_9

Astuce : Vous pouvez ajouter un peu de coulis de tomate sur les légumes.

① Préchauffez le four à 210 °C (th. 7).

② **Découpez 6 disques de pâte feuilletée** (à l'aide d'un verre par exemple).

③ Déposez-les sur une plaque garnie de papier sulfurisé, **piquez-les et faites-les cuire pendant 10 min.**

④ Lavez puis **coupez les aubergines en rondelles d'environ 1 cm d'épaisseur.**

⑤ **Faites-les revenir à la poêle** avec l'huile d'olive, des deux côtés, jusqu'à l'apparition d'une légère coloration. **Égouttez-les** sur du papier absorbant.

⑥ **Égouttez les tomates séchées et dépliez-les.**

⑦ **Sur les disques de pâte, disposez alternativement les rondelles d'aubergines et les tomates séchées. Recommencez** jusqu'à épuisement des ingrédients.

⑧ **Découpez le chèvre en tranches d'environ 1 cm d'épaisseur et disposez une tranche sur chaque tartelette** de légumes. **Saupoudrez d'un peu de thym.**

⑨ **Placez les tartelettes sous le gril du four** jusqu'à ce que le fromage gratine (comptez environ 10 min).

⑩ Servez dès la sortie du four.

Pâte feuilletée
(1 rouleau)
Aubergines (2)
Tomates séchées à l'huile
(2 pots)
**Fromage de chèvre en
bûche type sainte-maure
de Touraine** (1)
• Huile d'olive (2 c. à soupe)
• Thym

Pâte brisée
(1 rouleau)
Ratatouille
(350 à 400 g)
Fromage blanc (200 g)
• Gruyère râpé (50 g) • Œufs (2)
• Paprika ou curry en poudre
• Herbes de Provence,
basilic ou origan • Beurre
• Sel, poivre

QUICHE À LA RATATOUILLE ET AU FROMAGE BLANC

Pour 4 personnes
Préparation 10 min
Cuisson 35 min
Très facile 🌀
Coût €€€

Top des avis :
"**Pour la garniture, j'ai utilisé seulement un yaourt bulgare et un œuf.** C'est parfait !" Maouss

"**Ne lésinez pas sur les épices. J'ai même ajouté quelques olives vertes**, c'est plus joli."
Anonyme

Astuce : Si vous utilisez une ratatouille surgelée, pensez à bien la décongeler et à la faire revenir à la poêle au préalable afin qu'elle rende un maximum d'eau et ne détrempe pas la pâte.

Faire
une ratatouille
maison

❶ Préchauffez le four à 200 °C (th. 6-7).

❷ **Déposez la pâte dans un moule à tarte** préalablement **beurré.**

❸ Recouvrez-la de papier sulfurisé et de poids de cuisson et **faites-la cuire 5 min au four.**

❹ Dans un saladier, **mélangez la ratatouille, le fromage blanc, les œufs et les épices ou les herbes de votre choix.**

❺ **Versez cette préparation sur la pâte. Parsemez de gruyère râpé.** Rectifiez l'assaisonnement.

❻ **Enfournez** et laissez cuire **30 min.**

recette proposée par
stefanie_5

GALETTE DE CAROTTES ET DE POMMES DE TERRE

Pour 4 personnes
Préparation 20 min
Cuisson 30 min
Facile ◖
Coût ●©©

Top des avis :

"**Un petit truc pour réussir une belle galette :** vers la fin de la cuisson, il faut la changer de poêle. Mettez-la dans une poêle propre avec un peu d'huile : le résultat est épatant." Suzy_44

"**J'ai ajouté du paprika et du piment doux pour relever le goût.**" Maianne_285

"J'ai opté pour plusieurs petites galettes : **j'ai mis les légumes cuits dans la préparation aux œufs puis j'ai formé les petites galettes dans la poêle.**" Clairoune

Astuce : Pour éviter que la galette colle pendant la cuisson, rincez les pommes de terre râpées dans une passoire, essuyez-les soigneusement dans du papier absorbant et mêlez-les au reste des ingrédients.

① **Épluchez les carottes et les pommes de terre.** Lavez-les, séchez-les et **râpez-les.**

② Épluchez et **émincez l'oignon.**

③ Dans une grande poêle, **faites chauffer le beurre puis versez-y les légumes et l'oignon. Salez et poivrez.**

④ **Laissez cuire 15 min** sur feu doux en remuant de temps en temps.

⑤ Dans un saladier, **mélangez le lait, les œufs et le gruyère râpé.**

⑥ **Versez sur les légumes et laissez cuire 15 min** environ à feu doux.

⑦ Glissez la galette sur un plat de service et **servez-la chaude.**

Carottes
(2 grosses)
• Pomme de terre
(1 grosse) • Œufs (2)
• Lait (15 cl) • Gruyère râpé
(50 g) • Oignon (1)
• Beurre (50 g)
• Sel, poivre

Farine au lin
(2 c. à soupe)
Farine de sarrasin
(2 c. à soupe)
Farine de blé (2 c. à soupe)
**Flocons de céréales
type avoine** (2 c. à soupe)
Carotte (1) **ou courgette** (½)
ou pomme de terre (1)
• Œuf (1) ou fromage blanc (1 c. à soupe)
• Herbes aromatiques
(persil, thym, romarin) • Oignon (1)
• Curry ou paprika
• Sel, poivre

GALETTES DE CÉRÉALES

Pour 12 galettes
Préparation 10 min
Cuisson 5 à 8 min
Facile 🍴
Coût 💶💶💶

① **Lavez et râpez le légume choisi** (carotte, courgette ou pomme de terre). **Pelez l'oignon et coupez-le en fines lamelles.**

② **Dans un saladier, mélangez tous les ingrédients** jusqu'à obtenir une pâte assez épaisse (comme une purée de pommes de terre). Rectifiez l'assaisonnement.

③ **Déposez une bonne cuillerée à soupe de cette préparation dans le coin d'une poêle antiadhésive. Aplatissez un peu** (les galettes doivent faire environ 0,5 cm d'épaisseur). **Réalisez ainsi plusieurs galettes.**

④ **Saisissez les galettes** à feu un peu vif, puis poursuivez la cuisson sur feu moyen-doux.

⑤ **Lorsque les bords commencent à « prendre », retournez les galettes** avec une spatule et poursuivez la cuisson jusqu'à ce qu'elles soient bien dorées.

"

Top des avis :
"J'ajoute un peu d'huile d'olive, du tamari (ou de la sauce soja) et du yaourt au soja (ou du fromage blanc), ce qui permet de ne pas mettre d'œuf et de rendre les galettes bien moelleuses."
gaellegiordano

"Je prépare les galettes en avance et je les fais ensuite réchauffer au grille-pain."
Stephanie_2277

"Je les ai fait dorer à la poêle puis mises au four pour finir et pour qu'elles restent chaudes !"
louloutte67

"

Astuce : Séchez bien les légumes râpés dans du papier absorbant avant de les mélanger aux autres ingrédients.

GALETTES DE POMMES DE TERRE AU TOFU

Pour 4 galettes
Préparation 10 min
Cuisson 40 min
Très facile 🌶
Coût €©©

Top des avis :
"**J'ai utilisé du tofu aux herbes**
pour plus de saveur." Coralie_631

"**Pour former de belles galettes,
rien de mieux qu'un moule à
muffins en silicone !**" Agnes_12589

"C'est vraiment très bon !
**J'ai assaisonné avec un peu
de muscade, du cumin
et des herbes de Provence.**"
clairelle

Astuce : Séchez un peu la purée
de pommes de terre dans une
casserole sur feu doux afin que
la purée ne soit pas trop humide et
que les galettes se tiennent mieux.

① Épluchez et **lavez les pommes de terre. Coupez-les en deux.**

② **Placez-les dans une casserole d'eau salée,** portez à ébullition puis **laissez cuire 20 à 30 min.**

③ Égouttez-les et **écrasez-les grossièrement** dans un saladier.

④ Épluchez et **hachez grossièrement l'ail et l'oignon.**

⑤ **Coupez le tofu très finement.**

⑥ Dans le saladier, **mélangez la purée de pommes de terre, l'ail, l'oignon et le tofu. Ajoutez du sel, du poivre, du curry et le persil** préalablement lavé et **haché.**

⑦ **Façonnez 4 petites galettes** de 5 cm de diamètre et 5 mm d'épaisseur environ.

⑧ **Faites cuire les galettes à la poêle** dans un peu d'huile, 5 min de chaque côté.

Tofu nature
(150 g)
Oignon rouge (1)
Persil (2 brins)
• Pommes de terre (2)
• Ail (1 gousse) • Huile
• Curry en poudre
• Sel, poivre

ON SE MET AU VERT !

Vous en avez ras la casserole des légumes toujours cuisinés de la même façon ? Nous avons la solution ! Voici une sélection de recettes pétillantes, vibrantes et assaisonnées aux petits oignons. Leur secret ? Des cuissons adaptées, des assaisonnements tip top, des mariages réussis… Bref, l'essentiel à retenir, c'est que vous allez vous régaler. Ça devrait vous suffire, non ?

recette proposée par
Erevshel

SAUTÉ DE TOFU AUX BROCOLIS

Pour 2 personnes
Préparation 15 min
Cuisson 15 min
Très facile 🌓
Coût 🟢©©

❶ **Coupez le tofu en petits cubes.**

❷ **Faites-le griller** dans une poêle avec l'huile.

❸ **Ajoutez les légumes choisis et les brocolis** préalablement **coupés en petits morceaux. Arrosez d'un ou deux filets de sauce soja.**

❹ **Faites revenir les légumes** jusqu'à ce qu'ils soient tendres.

❺ **Servez aussitôt, avec du riz basmati ou du riz complet.**

❝

Top des avis :
"Pour donner plus de saveur, **j'ai ajouté un bouillon cube huile d'olive/ légumes.** Un délice !"
Emilie_3348

"**Je fais revenir les légumes dans un hachis d'ail + oignons + piment + gingembre + citronnelle auquel j'ajoute un peu de pâte de curry.**"
Sabine_507

"**J'ai d'abord fait mariner le tofu dans de la sauce teriyaki.** C'est très bon." Eliasa_5 ❞

Astuce : Pour une préparation plus rapide, vous pouvez faire précuire les légumes à la vapeur.

Tofu ferme (250 g)
Brocolis (250 g)
Légumes au choix :
maïs, carottes, germes
de soja, haricots
verts, oignon,
échalote... (200 g)
• Sauce soja
• Huile (1 c. à soupe)

Fenouil
(1 bulbe)
Concombre
(1 petit)
Citrons (2)
Ciboulette ou aneth
(5 brins)
• Huile d'olive (2 c. à soupe)
• Mélange cinq baies
• Sel

FENOUIL MARINÉ AU CITRON

Pour 6 personnes
Préparation 15 min
Repos 3 h
Très facile 🕐
Coût 💶💶💶

Top des avis :
"J'ajoute de l'ail pilé et quelquefois de la coriandre fraîche. Une salade idéale en été pour un buffet froid." Anne_1306

"On peut **également ajouter du curry qui se marie très bien** avec le jus de citron." Anonyme

"**N'hésitez pas à laisser mariner longtemps**, c'est meilleur et **le fenouil se digère ainsi beaucoup mieux.**" Sandrine_1186

Astuce : Si vous avez un robot, coupez le fenouil en fines tranches.

① Lavez et **coupez le bulbe de fenouil en gros dés.**

② Épluchez et **coupez le concombre en gros dés.**

③ **Coupez 1 citron en tranches et pressez le second.**

④ Dans un saladier, **mettez les tranches de citron et les dés de concombre et de fenouil.**

⑤ **Arrosez de jus de citron et d'huile d'olive puis saupoudrez de ciboulette ou d'aneth** préalablement lavé et ciselé. Salez et poivrez.

⑥ Couvrez et **laissez mariner 3 h au moins**, voire toute une nuit, au réfrigérateur.

⑦ Servez en entrée, en apéritif ou en tapas avec des piques en bois.

PETITS FLANS DE POIREAUX

Pour 4 personnes
Préparation 15 min
Cuisson 30 min
Très facile ●
Coût €©©

① Préchauffez le four à 200 °C (th. 6-7).

② **Nettoyez les poireaux, coupez-les en tronçons** d'environ 1 cm.

③ Dans une poêle, **faites-les cuire à feu doux dans la margarine** pendant 10 min, en remuant de temps en temps.

④ Lavez et **hachez le basilic.**

⑤ Dans un saladier, **battez les œufs, ajoutez la crème, le basilic et le fromage râpé.** Salez et poivrez.

⑥ **Égouttez les poireaux et mélangez-les avec la crème.**

⑦ **Répartissez la préparation dans 4 ramequins.**

⑧ **Enfournez** et laissez cuire **20 min environ**, jusqu'à ce que le dessus soit doré. Vérifiez la cuisson en piquant les flans avec un couteau : il doit ressortir propre.

❝

Top des avis :
"**J'ai remplacé la crème fraîche par 40 cl de crème légère et 25 cl de lait.** C'est parfait pour le dîner." Laetitia_1491

"J'ai ajouté des carottes coupées en petits dés et des morceaux de fromage de chèvre. **J'ai aussi essayé avec du roquefort qui se marie très bien avec les poireaux.**" celoste

"**J'ai mis 20 cl de crème liquide et une botte de persil frais**, c'était délicieux." Fred78 ❞

Astuce : Une fois coupés, vérifiez qu'il ne reste pas de terre dans les poireaux, sinon rincez-les à nouveau sous l'eau froide et égouttez-les.

Poireaux
(1,5 kg)
Basilic frais
(½ bouquet)
Margarine (25 g)
• Œufs (3)
• Fromage râpé (75 g)
• Crème fraîche (12,5 cl)
• Sel, poivre

Courgettes
(3 petites)
Brousse (200 g)
Menthe
(1 petit bouquet)

- Œufs (4) • Farine (70 g)
- Crème fraîche liquide (25 cl)
- Lait (12 cl)
- Huile d'olive (2 c. à soupe)
- Beurre
- Sel, poivre

recette proposée par
magaly

CLAFOUTIS À LA BROUSSE ET AUX COURGETTES

Pour 4 personnes
Préparation 10 min
Cuisson 50 min
Très facile 🍳
Coût 💶💶💶

Astuce : À défaut de menthe,
remplacez-la par 2 c. à café
de pesto de basilic.

❶ Préchauffez le four à 180 °C (th. 6).

❷ Lavez et **coupez les courgettes en rondelles**
sans les éplucher.

❸ **Faites-les** légèrement **revenir** dans une poêle
avec l'huile d'olive.

❹ Dans un saladier, **battez les œufs, ajoutez la farine,
une pincée de sel, la crème fraîche et le lait. Poivrez
et remuez** jusqu'à obtenir une pâte lisse.

❺ **Ajoutez à ce mélange la brousse légèrement
écrasée, puis les courgettes et les feuilles de menthe**
préalablement lavées et hachées grossièrement.

❻ **Beurrez un moule à manqué.**

❼ **Versez la préparation dans le moule, enfournez**
et laissez cuire **40 min environ.**

SALADE AIGRE-DOUCE DE CONCOMBRE

Pour 2 personnes
Préparation 10 min
Cuisson 30 s
Très facile 😊
Coût €€€

1. Épluchez et **coupez le concombre en quatre dans le sens de la longueur puis en petits triangles.**

2. Dans un bol, **mélangez le vinaigre et le sucre.**

3. **Chauffez ce mélange 30 s au micro-ondes** jusqu'à obtenir un mélange sirupeux.

4. Épluchez et **hachez finement les échalotes.**

5. Lavez et **émincez finement la coriandre.**

6. **Hachez finement les cacahuètes.**

7. **Dans un saladier, placez le concombre, les échalotes, la coriandre et les cacahuètes et arrosez de sauce.**

8. **Servez bien frais, parsemé de feuilles de coriandre** entières préalablement lavées.

Top des avis :
"**Je remplace parfois les cacahuètes par des noisettes** et c'est tout aussi bon !" heloise2004

"Très frais et vraiment très bon. **J'ai rajouté de la sauce piquante aigre-douce.**" Mamande-lola

"**Je l'accompagne d'une sauce préparée avec des petits piments rouges hachés, de la sauce de poisson et un peu d'huile d'arachide.**" Tom67

Astuce : Pour une meilleure digestion du concombre, retirez le cœur avant de couper la chair en morceaux.

Concombre
(1)
Coriandre fraîche
(½ bouquet)
Cacahuètes non salées (20 g)
Vinaigre blanc
(6 c. à café)
• Échalotes (2) • Sucre
(6 c. à café)

Courgette (1)
Carottes (2 petites)
Poireau (1)
• Échalotes (2 ou 3)
• Œufs (2) • Farine (100 g)
• Levure chimique (½ sachet)
• Lait (10 cl) • Huile d'olive
(1 c. à soupe + 5 cl)
• Sel, poivre

GÂTEAU DE COURGETTE ET CAROTTE

Pour 6 personnes
Préparation 25 min
Cuisson 45 min
Très facile 🌑
Coût 🪙🪙🪙

Top des avis :
"J'ai ajouté de la muscade
et du piment de Cayenne."
Melanie_1981

"J'ai cuit la pâte dans
des empreintes à muffin en
silicone, ce qui permet d'avoir
des portions individuelles bien
présentées." Clarisse_43

"J'ai ajouté du gruyère râpé, en
fin de cuisson. Plat très complet et
délicieux." Beatrice_49

Astuce : Faire revenir les légumes
n'est pas indispensable mais le temps
de cuisson au four sera alors plus
long (comptez au moins 15 min
supplémentaires).

① Préchauffez le four à 210 °C (th. 7).

② **Épluchez la courgette et les carottes, râpez-les** à l'aide d'une râpe à gros trous.

③ Épluchez et émincez **les échalotes.**

④ Lavez et **émincez le poireau.**

⑤ **Faites chauffer 1 c. à soupe d'huile d'olive** dans une poêle, **faites-y revenir les échalotes** sans les faire dorer.

⑥ **Ajoutez le poireau** puis, après quelques minutes, **les carottes.**

⑦ Laissez cuire à feu doux quelques minutes **puis ajoutez la courgette.** Les légumes doivent perdre leur croquant sans dorer. Au besoin, ajoutez un peu d'eau.

⑧ Dans un saladier, **mélangez les œufs et la farine additionnée de la levure.**

⑨ **Ajoutez le lait** préalablement **tiédi et 5 cl d'huile d'olive. Salez, poivrez** et mélangez.

⑩ **Ajoutez les légumes** et mélangez bien.

⑪ **Versez dans un plat à gratin** huilé, **enfournez** et laissez cuire **30 min** environ. Servez chaud.

MOUSSE AU CHOU ROMANESCO

Pour 4 personnes
Préparation 15 min
Cuisson 25 min
Très facile
Coût

Top des avis :
"**Pour les amateurs de fromage, 1 c. à soupe de parmesan dans la béchamel,** ce n'est pas mal non plus." Cecilegut

"Très bonne recette. **J'ai battu le blanc d'œuf en neige et je l'ai incorporé à la préparation.**" Sylvie_1677

"**J'ai essayé avec des carottes et c'était délicieux.**" Claire_1421

Astuce : Pour un démoulage impeccable, utilisez des moules à muffin en silicone.

❶ Préchauffez le four à 210 °C (th. 7).

❷ Lavez et **séparez le chou romanesco en bouquets.**

❸ Dans une casserole, **portez à ébullition 75 cl d'eau et le lait. Salez puis faites-y cuire les bouquets de chou** 10 à 12 min.

❹ **Faites fondre 50 g de beurre dans une casserole, ajoutez la farine** et faites cuire 2 min en remuant. **Versez la crème, puis faites épaissir à feu doux** sans cesser de remuer.

❺ **Assaisonnez de sel, de poivre et de muscade. Incorporez l'œuf entier et les 3 jaunes d'œufs, et mélangez.**

❻ Égouttez et **mixez les bouquets de chou.**

❼ **Mélangez la purée de chou à la sauce.**

❽ **Répartissez cette préparation dans 4 ramequins** préalablement **beurrés.**

❾ **Enfournez** et laissez cuire **15 min.**

Chou romanesco (1)

- Œuf (1) • Jaunes d'œufs (3)
- Beurre (50 g + pour les ramequins)
- Crème liquide (25 cl)
- Lait (25 cl)
- Farine (30 g)
- Muscade • Sel, poivre

Avocat (1)
Persil (10 brins)
Parmesan râpé
(3 c. à soupe)
Citron vert (1)
• Oignon (½)
• Huile d'olive (2 c. à soupe)
• Sel, poivre

recette proposée par
Stéfie

AVOCATS GRATINÉS AU PARMESAN

Pour 2 personnes
Préparation 10 min
Cuisson 4 min
Très facile 😊
Coût 💶💶💶

Top des avis :
"J'ai rajouté des petits dés de mozzarella et j'ai mis un peu plus de parmesan !" Audrey_2577

"J'ai mis un oignon rouge à la place de l'oignon blanc, je trouvais cela un peu plus parfumé et coloré." Benalex67

"Petit ajout personnel : une pointe de sauce shoyu à la sortie du four." ClaireBenedicte

Astuce : Pour atténuer le goût parfois trop fort de l'oignon, faites-le revenir un peu à la poêle avant de le mélanger au reste des ingrédients.

❶ Préchauffez le gril du four.

❷ Épluchez et **émincez l'oignon.**

❸ **Pressez le citron vert.**

❹ Lavez et **hachez le persil.**

❺ Dans un bol, **mélangez l'oignon, le parmesan, le persil et l'huile d'olive.**

❻ **Coupez l'avocat en deux** et enlevez le noyau. **Arrosez la chair de jus de citron vert.**

❼ **Déposez les demi-avocats dans un plat** allant au four. **Salez et poivrez.**

❽ **Remplissez chaque demi-avocat avec la garniture au fromage et étalez une couche légère sur le reste de la surface.**

❾ **Faites griller au four** jusqu'à ce que le dessus soit doré (comptez environ 4 min).

❿ Servez avec une salade de roquette.

recette proposée par
amandine_167

SALADE DE CHÈVRE AUX NOIX ET AU POIVRON MARINÉ

Pour 4 personnes
Préparation 10 min
Cuisson 20 min
Très facile
Coût

Top des avis :
"Je ne fais pas griller le poivron au four, je l'épluche tel quel mais je le laisse mariner 1 h au minimum." beren01

"J'ai utilisé des poivrons surgelés, décongelés puis bien séchés."
Jackie22

"J'ai utilisé 2 poivrons et je les ai laissé mariner toute la nuit."
Adalheidis_22

Astuce : Pour aller plus vite, vous pouvez utiliser des poivrons en bocal.

❶ **Placez le poivron dans un plat et faites griller sa peau** sous le gril du four (tournez-le de temps en temps).

❷ Une fois grillé, **pelez le poivron, puis coupez-le en lanières.**

❸ Dans un plat, **faites mariner les lanières de poivron dans de l'huile d'olive, du jus de citron, du sel de Guérande et du thym.**

❹ **Faites légèrement griller les noix** dans une poêle à sec.

❺ **Ajoutez les raisins secs et 1 ou 2 c. à soupe de miel** (selon vos goûts).

❻ **Lavez la salade**, essorez-la bien.

❼ **Déposez un lit de salade dans 4 assiettes. Ajoutez des grosses miettes de fromage de chèvre, quelques lanières de poivron et enfin les noix au miel. Arrosez avec un filet d'huile de la marinade du poivron.**

❽ **Salez et poivrez** puis servez.

Poivron rouge (1)
Fromage de chèvre frais (1 bûche)
Salade verte (1 grosse)
Noix entières (100 g)
Raisins secs (1 poignée)
• Branches de thym (3 ou 4)
• Citron (½)
• Huile d'olive • Miel
• Sel de Guérande

Carottes (400 g)
Courgettes (2)
Patate douce (300 à 400 g)
Crème de coco (30 cl)
Pâte de curry rouge (50 g)
Citrons verts (2)
Piment (1 petit)
• Échalotes (3) • Ail (3 gousses)
• Concentré de tomates (2 c. à soupe)
• Cumin (½ c. à soupe)
• Basilic (quelques feuilles)
• Huile de tournesol
• Sel, poivre

recette proposée par
zyzomyz

CURRY DE LÉGUMES

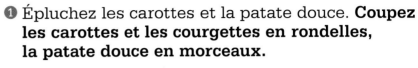

Pour 4 personnes
Préparation 20 min
Cuisson 50 min
Très facile ◔
Coût €€€

Top des avis :
"Délicieux et facile. **Attention à la force du curry rouge : certaines pâtes sont plus épicées que d'autres.**" Laureandamelie

"La sauce est vraiment géniale. **Je l'ai faite avec de la pâte de curry rouge thaï dans lequel il y a déjà du basilic thaï, donc je n'en ai pas ajouté.**" AnneClaire_40

"Voilà un curry très parfumé. **J'ai ajouté des cubes de courge butternut.**" Ariel_59

Astuce : Le temps de cuisson varie en fonction de la taille des morceaux de légumes ; pour le réduire, coupez les légumes finement et en petits morceaux.

❶ Épluchez les carottes et la patate douce. **Coupez les carottes et les courgettes en rondelles, la patate douce en morceaux.**

❷ Épluchez et **émincez les échalotes et l'ail et faites-les revenir dans une grande sauteuse avec un peu d'huile.**

❸ **Ajoutez les légumes, réduisez le feu et couvrez.**

❹ Dans un saladier, **mélangez la crème de coco, le concentré de tomates, la pâte de curry et le jus des citrons verts. Ajoutez le piment et le basilic** préalablement lavés et **hachés finement puis le cumin.** Mélangez bien.

❺ **Nappez les légumes de ce mélange. Poivrez et salez. Couvrez et laissez mijoter 40 min** à feu très doux.

❻ Dix minutes avant la fin de la cuisson, **retirez le couvercle pour épaissir la sauce.**

❼ Servez bien chaud avec du riz complet ou du quinoa.

AUBERGINE AUX ÉPICES

Pour 2 personnes
Préparation 5 min
Cuisson 10 min
Très facile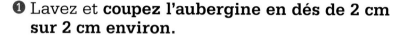
Coût

Top des avis :
"Je fais précuire les dés d'aubergine à la vapeur et je les fais juste dorer à la poêle ensuite afin d'alléger ce plat. Belle réussite." Vali

"Cette recette est excellente. **À déguster aussi bien chaud que froid."** tiaka

"Cette recette est devenue un classique. Elle est bien relevée et peut parfaitement accompagner des féculents."
marlene_90

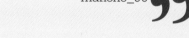

Astuce : Les dés d'aubergine peuvent également être cuits dans une friteuse.

❶ Lavez et **coupez l'aubergine en dés de 2 cm sur 2 cm environ.**

❷ **Versez l'huile** (1 à 2 cm de hauteur) **dans une sauteuse** et faites-la chauffer.

❸ **Plongez les dés d'aubergine dans l'huile chaude** et faites-les frire jusqu'à obtenir une coloration blond doré.

❹ Sortez-les avec une écumoire et **disposez-les sur du papier absorbant.**

❺ Lavez et **coupez la tomate en petits dés.**

❻ Épluchez et **émincez l'oignon.**

❼ Faites chauffer 1 c. à soupe d'huile dans une poêle et **faites-y fondre l'oignon.**

❽ **Ajoutez le cumin, puis les dés de tomate.** Mélangez.

❾ **Ajoutez le curcuma, le piment, la coriandre, le sel et 1 c. à soupe d'eau.** Mélangez bien.

❿ **Ajoutez les dés d'aubergine frits**, remuez bien. Laissez chauffer quelques minutes.

⓫ Au dernier moment, **ajoutez le garam massala,** mélangez puis servez.

Aubergine
(1 grosse)
Tomate (1 petite)
Garam massala
(1 pincée)
- Curcuma (1 c. à café)
- Piment en poudre (½ c. à café)
- Coriandre en poudre (½ c. à café)
- Oignon (½) • Cumin (1 pincée)
- Huile de tournesol
- Sel

Carottes (2)
Pak choï (1)
Chou-fleur
(10 fleurettes)
Piment (1 petit)
Huile de sésame
(½ c. à café)
• Oignon (1) • Ail (1 gousse) • Citron (½)
• Sauce soja (3 ou 4 c. à soupe)
• Gingembre en poudre (½ c. à café)
• Miel (1 c. à café)
• Huile de tournesol
(2 c. à soupe)

recette proposée par
rachel_263

STIR FRY

Pour 2 personnes
Préparation 10 min
Cuisson 10 min
Très facile
Coût €€€

① Épluchez et **coupez les carottes en fins tronçons, le pak choï et l'oignon en lanières. Hachez le piment. Pressez le citron.** Épluchez et **hachez l'ail.**

② **Faites chauffer l'huile de tournesol** dans une grande poêle ou un wok.

③ Lorsqu'elle est bien chaude, **faites-y frire le piment** quelques secondes.

④ **Ajoutez les carottes.** Faites-les sauter 2 à 3 min.

⑤ **Ajoutez les fleurettes de chou-fleur** préalablement lavées, laissez cuire 2 min.

⑥ **Ajoutez l'oignon,** faites-le revenir 1 min.

⑦ **Ajoutez le pak choï et l'ail.**

⑧ Lorsque tous les légumes sont cuits mais encore croquants, **retirez du feu.**

⑨ Dans un bol, **mélangez le jus de citron, la sauce soja, le gingembre, l'huile de sésame et le miel.**

⑩ **Versez cette sauce sur le sauté de légumes.**

⑪ Servez chaud avec des nouilles chinoises ou du riz.

Top des avis:
"Simple et succulent à la fois. **J'ai ajouté 1 c. à soupe de vinaigre bal-samique dans la sauce car je n'avais ni citron ni huile de sésame.**" Anne_2577

"J'ai remplacé le piment par de la pâte de curry rouge." Alexanville

"Je n'avais pas d'huile de sésame pour la sauce, mais **j'ai saupoudré mes légumes de graines de sésame.**" marire2

Astuce : Les légumes, pour rester croquants, ne doivent pas cuire trop longtemps : veillez donc à les couper finement et de taille équivalente.

LÉGUMES SAUTÉS AU TOFU

Pour 3 personnes
Préparation 10 min
Cuisson 15 min
Très facile 🌑
Coût 🇪🇺🇪🇺🇪🇺

❶ **Lavez les poivrons**, ôtez le pédoncule et les graines et **émincez-les** en fines lanières. Lavez et **coupez grossièrement les tomates. Coupez le tofu en cubes. Lavez les pousses de soja.**

❷ **Dans une poêle, faites revenir l'oignon** préalablement épluché et **émincé, les graines de sésame, l'ail et les épices** (sauf le piment que vous ajouterez en fin de cuisson) **dans la sauce soja.**

❸ **Ajoutez les cubes de tofu.**

❹ Lorsque le tofu est saisi, **ajoutez les poivrons, les tomates et le sucre** et laissez revenir quelques minutes supplémentaires en remuant souvent.

❺ Goûtez et **rectifiez l'assaisonnement** en cours de cuisson, si vous le souhaitez.

❻ **Ajoutez le piment et laissez cuire encore 3 min.**

❼ **Retirez du feu, ajoutez la poignée de pousses de soja et la coriandre fraîche** préalablement lavée et **ciselée.**

❽ **Agrémentez d'un filet d'huile de sésame** et servez.

**Tofu nature
ou fumé** (200 g)
Poivrons rouges (2)
Poivron vert (1)
Tomates (2)
Pousses de soja fraîches
(1 poignée)
Graines de sésame (1 c. à soupe)
Coriandre fraîche (½ bouquet)
• Oignon (1 petit) • Ail en poudre (½ c. à café)
• Coriandre en poudre (½ c. à café)
• Cumin (½ c. à café) • Sucre (1 c. à café)
• Piment en poudre
• Sauce soja (3 c. à soupe)
• Huile de sésame

Courgettes
(2 petites)
Comté râpé (200 g)
- Pommes de terre (3)
- Crème fraîche épaisse (40 cl)
- Lait (15 cl) • Ail (4 gousses)
- Noix de muscade râpée
(1 pincée) • Beurre (20 g)
- Sel, poivre

recette proposée par
Gigimagic77

DAUPHINOIS DE COURGETTES

Pour 4 personnes
Préparation 25 min
Cuisson 40 min
Facile ◖
Coût €€€

Top des avis :

"Très bon, **j'ai simplement remplacé la crème fraîche par du lait d'avoine.**" Nasseder

"Excellente recette ! **J'ai ajouté un étage de tomates coupées en rondelles.**" fabsan

"**J'ai** ajouté 1 c. à soupe de fromage frais ail et fines herbes dans la crème fraîche, **mis du parmesan sur le dessus à la place du comté et servi avec une salade de mâche.**" Scarlett_7

Astuce : Détaillez les pommes de terre en rondelles les plus fines possibles : utilisez une mandoline si vous en avez une.

① Préchauffez le four à 180 °C (th. 6).

② **Beurrez 4 ramequins** et **frottez-les avec une gousse d'ail** préalablement dégermée et coupée en deux.

③ Lavez et **coupez les courgettes en fines rondelles.** Épluchez et **pressez les 3 gousses d'ail épluchées restantes.** Pelez et **lavez les pommes de terre. Découpez-les en fines tranches.**

④ **Disposez une couche de pommes de terre au fond de chaque ramequin et parsemez d'ail. Recouvrez d'une couche de courgettes. Renouvelez ces opérations** jusqu'à épuisement des ingrédients. **Terminez par une couche de pommes de terre.**

⑤ Dans un bol, **battez la crème fraîche et le lait avec du sel, du poivre et de la muscade. Versez ce mélange sur les légumes.** Inclinez les ramequins dans tous les sens pour que le liquide se répartisse uniformément.

⑥ **Couvrez de fromage râpé.**

⑦ **Enfournez** et laissez cuire **40 min.** Au bout de 30 min, piquez la lame d'un couteau au centre du gratin pour vérifier la cuisson des pommes de terre : elles doivent être tendres. En fin de cuisson, couvrez le plat d'une feuille de papier d'aluminium si le fromage est suffisamment coloré.

ON SE FAIT PLAISIR !

Place aux desserts ! Quand on est végétarien, ce qui est vraiment bien, c'est que l'on peut manger de tout. La preuve avec les douceurs qui suivent où la traditionnelle gélatine a été remplacée par de l'agar-agar (mais si, vous savez, cette algue magique aux pouvoirs gélifiants qui va vite devenir votre nouvelle meilleure amie en cuisine).
À vos cuillères, ce n'est QUE du plaisir !

PANNA COTTA À L'ABRICOT

Pour 4 personnes
Préparation 5 min
Cuisson 5 min
Repos 1 h
Facile
Coût

Top des avis :
"**J'ai mis au fond de mes coupelles des abricots secs coupés en cubes** : c'était très beau lorsque j'ai démoulé la panna cotta !" coco9661

"Tout simplement parfait. **J'ai mis de la cannelle à la place de la vanille.**" Armelita79

"**J'ai mis de la compote pommes-framboises à la place de la compote d'abricots et du coulis de framboises en déco.** Tout le monde a adoré !" CecileAgnes

Astuce : Si vous souhaitez démouler les panna cotta, il suffit de plonger quelques instants le fond des ramequins dans de l'eau chaude.

Comment utiliser de l'agar-agar

❶ **Délayez** à froid **l'agar-agar avec la crème fleurette** dans une casserole.

❷ **Portez à ébullition** sans cesser de remuer.

❸ Une fois l'ébullition atteinte, **ajoutez le lait et le sucre. Laissez frémir** en mélangeant bien.

❹ Hors du feu, **ajoutez l'extrait de vanille et la compote d'abricots**, remuez sans arrêt jusqu'à ce que le mélange soit tiède.

❺ **Versez la préparation dans 4 ramequins** ou verrines, laissez refroidir puis **placez 1 h au réfrigérateur.**

❻ **Au moment de servir, recouvrez chaque panna cotta de 1 c. à soupe de coulis d'abricot.**

Crème fleurette
(50 cl)
Compote d'abricots
(130 g)
**Coulis ou confiture
d'abricot** (4 c. à soupe)
Agar-agar (2 g)
Extrait de vanille
(1 c. à café)
Lait (30 cl) • Sucre (60 g)

Framboises fraîches ou surgelées (500 g)
Agar-agar (1,5 g)
• Sucre (100 g)
• Crème fraîche (150 g)
• Blancs d'œufs (2)
• Lait (2 c. à soupe)

MOUSSE AUX FRAMBOISES

Pour 4 personnes
Préparation 30 min
Cuisson 2 min
Repos 12 h
Facile ◖
Coût ⬤☺☺

Top des avis :
"Très bonne recette. **Je l'ai faite en verrine avec un peu de crumble sur le dessus pour ajouter du croquant.**" Noubsaibot

"**J'ai mélangé framboises fraîches, surgelées et en boîte : mes invités ont adoré !**" stephanielo77

"Je n'ai pas réussi à monter la crème avec le robot malgré la crème semi-épaisse, alors **j'ai utilisé du fromage blanc à 3 % et le résultat était impeccable** et allégé en plus." Chrislo66

Astuce : Pour une mousse bien lisse, passez la purée de framboises au chinois ou dans une passoire à maille fine afin de retirer les petits grains.

❶ **Mixez les framboises** afin d'obtenir une purée.

❷ **Mettez la purée de framboises dans une casserole sur feu doux et ajoutez le sucre.**

❸ Lorsque la purée de framboises est chaude, **ajoutez l'agar-agar et laissez bouillir 1 min.**

❹ **Laissez le mélange refroidir** complètement.

❺ Dans un saladier, **fouettez la crème fraîche bien froide avec le lait** afin d'obtenir une consistance assez épaisse (le fouet doit laisser des sillons dans la crème). **Placez au frais.**

❻ **Battez les blancs d'œufs en neige ferme.**

❼ **Versez la purée de framboises petit à petit sur la crème** et mélangez délicatement.

❽ **Incorporez les blancs en neige.**

❾ **Laissez prendre la mousse 12 h au réfrigérateur.**

BAVAROIS MOUSSEUX AUX CARAMBAR

Pour 4 à 6 personnes
Préparation 20 min
Cuisson 5 min
Repos 2 h 30
Facile ◗
Coût ◉◉◉

Top des avis :
"Je l'ai fait en version familiale et j'ai déposé le bavarois sur un lit de spéculoos et de pralin mélangés avec un petit-suisse. À refaire." Kepaul

"Je les ai moulés dans des empreintes en silicone, je n'ai donc pas eu besoin de film alimentaire !" Denise

"La recette marche aussi avec des fraises Tagada." Boucledor3430

Astuce : À défaut de Carambar, utilisez des caramels mous.

❶ Environ 30 min avant de commencer la recette, **mettez la crème liquide au congélateur, ainsi que les fouets du batteur et un saladier à bords hauts.**

❷ Dans une petite casserole, **faites chauffer le lait sur feu doux avec les Carambar** sans cesser de remuer : vous devez obtenir une sauce au caramel crémeuse.

❸ **Ajoutez l'agar-agar, faites bouillir 1 min** puis laissez refroidir.

❹ **Versez la crème bien froide dans le saladier puis montez-la en chantilly.**

❺ **Incorporez-la délicatement à la crème aux Carambar.**

❻ **Répartissez la préparation dans chaque ramequin.** Recouvrez avec du film alimentaire et **placez 2 h minimum au réfrigérateur.**

❼ Au moment de servir, **décorez avec un peu de cacao en poudre ou des perles multicolores.**

**Carambar
au caramel** (24)
Agar-agar (1 g)
**Crème fraîche
liquide entière** (25 cl)
•Lait (6 cl)
•Cacao en poudre ou
perles multicolores
(pour la décoration)

Agar-agar
(½ c. à café)
- Lait écrémé (50 cl)
- Café soluble
  (2 dosettes, 4 g)
- Sucre roux
  (2 c. à soupe)

recette proposée par
Fanny_1341

FLANS AU CAFÉ

Pour 4 personnes
Préparation 5 min
Cuisson 3 min
Repos 2 h
Très facile 🕐
Coût 🪙🪙🪙

① **Mélangez le lait, le café, l'agar-agar et le sucre dans une casserole.**

② **Portez à ébullition.**

③ Une fois l'ébullition atteinte, maintenez-la 1 min.

④ **Répartissez la crème dans 4 ramequins.**

⑤ **Laissez prendre 2 h au moins au réfrigérateur.**

"

Top des avis :
"N'ayant pas de café soluble, je l'ai remplacé par 2 expressos. Le goût du café est bien présent." Michoko76

"Pour accentuer le goût du café, **j'ai ajouté 1 c. à café de café moulu, j'ai laissé infuser 10 min puis j'ai filtré la crème avant de la verser dans les ramequins."** Ozlem2

"J'ai simplement ajouté 1 c. à café de cacao amer et 1 c. à café d'édulcorant liquide." Darouni

"

Astuce : Pour une version au chocolat, mettez 3 c. à soupe de cacao en poudre amer et ajoutez 1,5 c. à soupe de sucre.

recette proposée par
Karin_17

CRÈMES DE BANANE AU TOFU

Pour 4 personnes
Préparation 10 min
Repos 6 h
Très facile 😊
Coût 😊😊😊

① **Mixez le tofu.**

② **Ajoutez la banane** préalablement coupée en morceaux, **le sucre, la cannelle et l'huile essentielle de citron. Mixez** de nouveau jusqu'à l'obtention d'un mélange homogène.

③ **Versez dans 4 ramequins et laissez prendre 6 h** au moins au réfrigérateur.

④ Servez très frais.

Top des avis:
"Il suffit d'ajouter un blanc d'œuf battu en neige pour obtenir une mousse !" Erlebnis

"Un sachet de sucre vanillé, une banane supplémentaire et un peu de quatre-épices pour parfaire cette crème très rapide à réaliser." Fifou

"Avec des biscuits à la cuiller (trempés dans du lait) ajoutés dans le fond des ramequins, c'est encore meilleur !" Eloalamenthe

Astuce : Cette crème fonctionne aussi très bien avec d'autres fruits: pêche, fruits rouges…

Tofu soyeux (400 g)

Banane (1)

Huile essentielle de citron (1 ou 2 gouttes, en magasin bio)

- Sucre (3 c. à soupe)
- Cannelle (1 pincée)

Pommes (3)
Agar-agar (2 g)
• Sucre (50 g)
• Cannelle (1 pincée)

GELÉE POMME CANNELLE

Pour 6 personnes
Préparation 10 min
Cuisson 20 min
Repos 4 h
Facile ◖
Coût €€€

① Épluchez et **coupez les pommes en morceaux.**

② Dans une casserole, **faites fondre les pommes avec le sucre.**

③ **Ajoutez la cannelle.**

④ **Passez la compote au mixeur.**

⑤ Dans une autre casserole, **faites bouillir 25 cl d'eau et l'agar-agar.** Laissez sur le feu 3 min en remuant énergiquement.

⑥ **Ajoutez l'eau à la compote. Mixez de nouveau.**

⑦ **Versez la préparation dans des moules individuels.**

⑧ Laisser refroidir puis **placez 4 h au réfrigérateur.**

Top des avis:
"**Ne pas lésiner sur la cannelle** pour avoir du parfum et une jolie couleur ambrée." Piemo

"C'est vraiment très frais ! **La texture change de la trop classique compote de pommes.**"
Nandou_Guanaco

"**J'utilise des moules en silicone, cela me permet de démouler les gelées facilement** et de faire une jolie présentation à l'assiette !"
Ninon_45

Astuce : Choisissez des pommes assez sucrées comme la reinette, la golden ou la boskoop.

recette proposée par
globillule

CHARLOTTE AU CITRON

Pour 6 personnes
Préparation 30 min
Cuisson 1 min
Repos 4 h
Moyennement facile 🌙
Coût 🪙🪙🪙

Top des avis :
"J'ai trempé les biscuits dans un mélange limoncello, jus de citron et eau." Corradogirl

"Recette délicieuse, j'ai juste remplacé le rhum par du jus d'orange additionné de 1 c. à soupe d'Amaretto." Fefegue

"Très bon mais à faire absolument la veille pour une bonne tenue au démoulage." noahetmoi

Astuce : Vous pouvez ajouter le zeste d'un citron pour une charlotte encore plus acidulée.

❶ **Pressez les citrons.**

❷ **Placez le jus de citron dans une casserole, faites-le chauffer.**

❸ **Ajoutez l'agar-agar et laissez bouillir 1 min en remuant.** Laissez refroidir un peu.

❹ **Séparez les blancs des jaunes d'œufs.**

❺ Dans un saladier, **battez les jaunes d'œufs avec le sucre** jusqu'à ce que le mélange blanchisse.

❻ **Incorporez le mascarpone et le jus de citron.**

❼ **Montez les blancs d'œufs en neige et incorporez-les** délicatement à la préparation.

❽ Dans un grand bol, **mélangez 6 c. à soupe d'eau avec le rhum.**

❾ **Faites tremper** légèrement **les biscuits dans le mélange eau-rhum.**

❿ **Tapissez un moule à charlotte de film alimentaire** en le faisant largement déborder.

⓫ **Tapissez le moule (le fond et la paroi) avec les biscuits imbibés**, côté bombé vers l'extérieur.

⓬ **Versez la mousse au citron dans le moule, recouvrez de biscuits trempés.**

⓭ Recouvrez avec le film alimentaire, posez une assiette avec un poids sur le moule et **placez 4 h au moins au réfrigérateur.**

⓮ **Démoulez** avant de servir bien frais.

**Biscuits
à la cuiller**
(24 à 30)
Mascarpone (250 g)
Agar-agar (0,5 g)
Rhum (1 c. à soupe)
• Citrons (2) • Œufs (3)
• Sucre (75 g)

Lait de coco
(40 cl)

Agar-agar
(2 c. à soupe)

Fruits au choix : fraises, framboises, mangue, kiwis...
(300 g)

• Sucre (70 g)

recette proposée par
frederique

GELÉE À LA NOIX DE COCO ET AUX FRUITS

Pour 4 personnes
Préparation 5 min
Cuisson 2 min
Repos 2 h
Facile ◖
Coût ©©©

① **Faites chauffer le lait de coco, 30 cl d'eau et le sucre** dans une casserole.

② Lorsque le mélange frémit, **ajoutez l'agar-agar, mélangez bien au fouet et laissez bouillir 1 min.**

③ **Versez la crème dans un petit moule** carré, **attendez 1 min et ajoutez les fruits de votre choix** (préalablement lavés, épluchés et **coupés en dés**).

④ **Placez 2 h au moins au réfrigérateur.**

⑤ **Au moment de servir, décorez la gelée avec les fruits** de votre choix.

Top des avis :
"**J'ajoute 300 g de perles de tapioca et je réduis un peu l'agar-agar.**"
Theduck666

"**J'ai mis du lait de soja à la vanille pour diminuer l'apport en sucre.** Dessert rafraîchissant et léger." Cedric_345

"**J'ai utilisé du sucre de coco et seulement 2 c. à café d'agar-agar. Et j'ai versé la crème sur un lit de rondelles de kiwi.**" Annick_1

Astuce : Si vous n'avez pas de fruits frais, vous pouvez napper la crème prise d'un coulis de fruits additionné d'agar-agar. Il suffira alors de replacer la gelée 1 h au frais.

recette proposée par
Fanfanet

MOUSSE AU CHOCOLAT AU TOFU

Pour 6 personnes
Préparation 10 min
Cuisson 10 min
Repos 2 h
Facile ◖
Coût ⊝⊝⊝

① **Faites fondre le chocolat noir** cassé en morceaux au bain-marie.

② **Dans un mixeur, placez le tofu, le miel, le chocolat fondu et, éventuellement, le café soluble.**

③ **Mixez jusqu'à l'obtention d'un mélange onctueux.**

④ **Versez la préparation** obtenue **dans un saladier.**

⑤ **Battez les blancs d'œufs en neige avec une pincée de sel.**

⑥ **Incorporez délicatement les blancs en neige au mélange chocolat-tofu.**

⑦ **Répartissez la mousse dans des coupes** ou dans un saladier de service puis **laissez prendre 2 h au moins au réfrigérateur.**

Top des avis:
"**J'ai rajouté des biscuits à la cuiller trempés dans du lait au fond de chaque ramequin**, c'était excellent !"
Erlebnis

"**Délicieux !** Entre la mousse au chocolat et le fondant. **Peut aussi être congelée en glace.**"
Elisabeth_48

"**J'ai ajouté quelques pépites de chocolat** pour apporter un peu de croquant."
Martin_8596

Astuce : Ne montez pas les blancs en neige trop ferme afin de pouvoir les incorporer facilement.

**Chocolat
noir pâtissier**
(170 g)
Tofu soyeux (250 g)
Café soluble
(1 c. à soupe, facultatif)
• Blancs d'œufs (3)
• Miel (1 c. à soupe)
• Sel

Pour la génoise :
- Œufs (4) • Sucre (125 g)
- Farine (125 g)

Pour le bavarois :
Fraises (500 g)
Crème fleurette bien froide (40 cl)
Agar-agar (1,5 g)
- Citron (1) • Sucre (220 g)

Pour le nappage :
Coulis de fraises ou de framboises (160 g)
Agar-agar (0,5 g)
Framboises ou fraises fraîches

BAVAROIS AUX FRAISES SUR GÉNOISE

recette proposée par
Laetitia_2081

Pour 12 parts
Préparation 2 h
Cuisson 30 min
Repos 24 h
Moyennement facile ◖
Coût ⊜⊜©

Top des avis :

"Je ne fais pas la génoise mais un fond de tarte aux petits-beurre (200 g) mélangés à 80 g de beurre fondu. Je tasse au fond du moule et ensuite je procède comme dans la recette." Elozem

"La génoise a été remplacée par une dacquoise aux pistaches ! Le résultat était vraiment parfait !" noeras

"J'ai ajouté des fraises coupées en petits dés sur la génoise avant de la recouvrir de bavarois ! Un pur régal." sylviane_313

❶ La veille, préparez la génoise : recouvrez une plaque de papier sulfurisé. Déposez un cercle à pâtisserie de 24 cm de diamètre dessus. Préchauffez le four à 220 °C (th. 7-8).

❷ Séparez les blancs des jaunes d'œufs. Dans un saladier, **battez les 4 jaunes d'œufs avec le sucre jusqu'à ce que le mélange blanchisse.**

❸ **Ajoutez la farine** et mélangez.

❹ **Montez les blancs d'œufs en neige puis incorporez-les** délicatement à la pâte.

❺ **Étalez la pâte à génoise en couche régulière dans le cercle à pâtisserie.**

❻ **Enfournez et laissez cuire 10 à 15 min.**

❼ **Glissez la génoise cuite sur un plat à dessert**, ôtez le papier cuisson en la laissant dans le cercle à pâtisserie.

❽ Préparez le bavarois : lavez et **équeutez les fraises.**

❾ **Mixez-les avec le jus du citron et le sucre.**

❿ **Versez ce mélange dans une casserole, faites chauffer puis ajoutez l'agar-agar et laissez bouillir 1 min** en mélangeant. Laissez refroidir.

⓫ **Montez la crème fleurette** bien froide **en chantilly.**

BAVAROIS AUX FRAISES SUR GÉNOISE (SUITE)

Astuce : Si votre génoise est trop épaisse, n'hésitez pas à la couper en deux dans l'épaisseur, quitte à faire deux bavarois s'il vous reste suffisamment de crème.

⑫ **Quand la mixture de fraises est refroidie** et commence à prendre, **ajoutez la crème Chantilly.**

⑬ **Versez le tout sur la génoise,** dans le cercle à pâtisserie, et **placez une nuit au réfrigérateur.**

⑭ Le lendemain, passez la lame d'un couteau sur le bord du cercle à pâtisserie puis retirez ce dernier. **Placez le bavarois sur une grille** avec une assiette ou une plaque en dessous.

⑮ **Chauffez le coulis dans une casserole, ajoutez l'agar-agar et laissez bouillir 30 s.**

⑯ Laissez refroidir puis **nappez-en le bavarois.**

⑰ **Placez au réfrigérateur quelques heures** jusqu'à ce que le nappage fige.

⑱ **Décorez avec des fraises ou des framboises fraîches** et servez.

INDEX

CRÉDITS PHOTO

Manina : p. 14, p. 17, p. 19, p. 22, p. 26, p. 34, p. 39, p. 40, p. 43, p. 40, p. 47, p. 48, p. 51, p. 52, p. 55, p. 59, p. 60, p. 66, p. 70, p. 74, p. 77, p. 78, p. 81, p. 82, p. 85, p. 93, p. 94, p. 98, p. 102, p. 105, p. 106, p. 109, p. 110, p. 113, p. 117, p. 127, p. 128, p. 136, p. 140.

Marmiton : p. 101, p. 114.

Sucré Salé : Abd : p. 21 ; Bilic : p. 10 ; Fondacci/Markazena : p. 135 ; Guedes : p. 29, p. 65 ; Lawton : p. 13, p. 89, p. 97 ; Leser : p. 131, p. 132 ; Presse citron – Barret : p. 86 ; Riou : p. 123 ; Studio : couverture et p. 14, p. 25, p. 69, p. 118 ; Swalens : p. 33 ; Thys/Supperdelux : p. 9, p. 30, p. 56, p. 73, p. 124 ; Viel : p.139.